BIG SILVER

Gewinnbringend investieren mit Silber

Druck: Ebner & Spiegel GmbH

Roos, Hubert:
Big Silver
Gewinnbringend investieren mit Silber

ISBN 3-922-66955-7

BÖRSEN MEDIEN
AKTIENGESELLSCHAFT

Postfach 1449 · 95305 Kulmbach
Tel. 09221-90510 · Fax 09221-67953

Inhalt

Vorwort

Reden ist Silber, Schweigen ist Gold – allerdings wird über Silber viel weniger geredet als über Gold. Dabei gibt es gute Gründe, sich stärker mit dem weißen Metall zu beschäftigen. Rund 20 Jahre lang fielen die Rohstoffpreise und damit auch der Wert des Silbers sowie die Kurse der Silberminenaktien. Unter diesen Bedingungen wagten sich verständlicherweise nur wenige Investoren an den Sektor heran. In den meisten Depots ist der Rohstoffbereich allenfalls durch Aktien der Ölmultis vertreten, dabei spricht vieles dafür, einen Teil seines Vermögens in Rohmaterial zu investieren. Basismetalle lassen sich, anders als Aktien und Anleihen, nicht beliebig vermehren. Im Gegenteil: einige – und dazu gehört Silber – werden knapp.

Inzwischen entdecken immer mehr Banken Rohstoffe und Edelmetalle, insbesondere Gold und Silber, als Kapitalanlage: sie raten ihren Kunden zum Kauf. Dies hat bereits zu kräftigen Preissteigerungen und damit zu Gewinnen bei denjenigen geführt, die frühzeitig investiert haben. Trotzdem ist es für Anleger noch nicht zu spät einzusteigen, denn in der Vergangenheit sind die Rohstoffmärkte alle 20 bis 30 Jahre in eine Hochphase eingeschwenkt, die jeweils mehrere Jahre dauerte. Ausgehend von charttechnischen Indizien startete der neue Aufwärtstrend für Rohstoffe im Jahr 2001 und zeigt Ausmaße und Dynamik wie in der großen Aufwärtsbewegung Ende der Siebziger Jahre.

Wer in Silber investieren möchte, sollte einige solide Grundkenntnisse über die Funktionsweise der Rohstoff- und Finanzmärkte besitzen. Bisher war der Handel mit Grundstoffen weitgehend den Profis vorbehalten. Silber wurde in den letzten Jahren hauptsächlich an Großabnehmer in der Industrie geliefert. Jetzt kaufen auch Pensionsfonds, die bis vor kurzem fast nur Staatsanleihen und Aktien in ihrem Portfolio hatten und Versicherungen stoßen auf der Suche nach sicheren Erträgen immer öfter auf Edelmetalle. Hinzu kommen Hedge-Fonds, die traditionell in Grundstoffe investieren. Nun entdecken immer mehr Privatinvestoren diese vergessene Anlageklasse neu. Dabei geht es nicht nur um die zu erwartenden Gewinne durch steigende Rohstoffnotierungen, sondern auch um die Sicherheit einer diversifizierten Anlagestrategie. Da nämlich Silber und andere Rohstoffe nur verhältnismäßig wenig mit Aktien und Anleihen korrelieren, kann das Risiko der Kapitalanlage erheblich reduziert werden.

Für Privatanleger gibt es eine Reihe von Möglichkeiten, sich am Wachstumsmarkt des Silbers zu beteiligen. Neben den traditionellen Anlageformen wie Münzen und Barren stehen Silberzertifikate zur Verfügung. Aktienliebhaber können Anteile von Minengesellschaften direkt an der Börse handeln oder sie können in Investmentfonds einsteigen, die in ausgewählte Werte investieren. Wer bereits Erfahrungen mit derivativen Instrumenten gesammelt hat, kann seine Kenntnisse auch für Silberinvestitionen nutzen und gehebelte Produkte wie z.B. Optionsscheine handeln. Dieses Buch soll dem interessierten Anleger nützliche Informationen darüber geben, welche Aspekte bei der Investition in Silber beachtet werden müssen. Es soll eine Hilfe sein bei der Auswahl passender Anlageinstrumente, um die Chancen des Silbermarktes innerhalb des persönlichen Anlagekonzeptes zu nutzen.

Kapitel 1
Das Tafelsilber

Löffel, Gabel, Buttermesser – alles kam in den Schmelzofen. Als der Silberpreis Anfang 1980 dabei war, seine Höchststände zu erklimmen, gab es kein Halten mehr. Ob es einmal Hochzeitsgeschenke oder Geburtstagspräsente waren, spielte keine Rolle. Bei einem Silberpreis von über 40 Dollar pro Unze, Tendenz steigend, wurden silberne Teelöffel mit über 100 Dollar gehandelt, ein Essbesteck kam auf über 1.000 Dollar.
Viele Menschen verkauften ihr Tafelsilber und ihren Silberschmuck, um das Geschäft des Jahrhunderts zu machen. Begonnen hatte die Endphase der Silber-Euphorie, als bekannt geworden war, dass die Familie Hunt aus Texas

massive Silberkäufe getätigt hatte. Der Öl-Milliardär Nelson Bunker Hunt, sein Bruder Herbert und andere Familienmitglieder hatten nach und nach physisches Silber und Silberkontrakte an der Terminbörse mit einem Gesamtvolumen von über 200 Millionen Unzen, das sind weit über 6000 Tonnen, gekauft. Zusammen mit anderen Faktoren hatten die Geschäfte der Hunts zur Folge, dass der Silberpreis von rund 6 Dollar zu Beginn des Jahres 1979 auf 11 Dollar bis zum September desselben Jahres gestiegen war.

Zu jener Zeit hielten mehrere Handelsfirmen an den Warenterminbörsen in New York und Chicago beträchtliche Short-Positionen auf Silber. Bei dieser Art von Börsengeschäften gehen die Händler eine Verpflichtung ein, die besagt, dass sie zu einem in der Zukunft festgelegten Zeitpunkt – dem so genannten Fälligkeitstermin – eine bestimmte Menge an Silber zu einem im voraus bestimmten Preis zu liefern haben. Sie können dann zum gegenwärtigen Zeitpunkt das Metall zu einem bekannten Preis an Interessenten verkaufen und ihnen versprechen, es in drei, sechs oder zwölf Monaten auszuliefern. Die Händler selbst wiederum kaufen die Ware erst kurz vor dem vereinbarten Liefertermin, um sie dann ihren Kunden zu übergeben.

Solche Verpflichtungen gehen die Termin-Händler natürlich nur ein, wenn sie mit einem fallenden Silberpreis rechnen. Zum Zeitpunkt des Geschäftsabschlusses erhalten sie bereits das Geld für die Ware. Mit diesem Geld können sie in der Zwischenzeit wirtschaften. Kurz vor dem Fälligkeitstermin erwerben sie das zu liefernde Silber zu einem günstigeren Preis, als sie es verkauft haben. Die Differenz zwischen Einstandspreis und Verkaufspreis ist der Gewinn. Allerdings können solche Geschäfte problematisch werden. Wenn in der Zeit bis zur Fälligkeit der Kurs des Silbers nicht fällt, sondern steigt, muss der Händler die Ware zu einem Preis beschaffen, der höher ist als der, den er selbst beim Terminverkauf erzielt hat. Dann macht er Verluste.

Zum Kummer der New Yorker und Chicagoer Terminhändler setzten die Gebrüder Hunt ihre Kaufaktivitäten fort und weitere Silberkäufer traten in den Markt ein, was einen weiteren Kursanstieg des Silbers zur Folge hatte. Anfang Dezember 1979 wurde für die Lieferverpflichtungen, die im März

1980 fällig waren, die Marke von 20 Dollar überschritten. Kurz vor Jahresschluss lag der Preis bei 30 Dollar und die Verantwortlichen an den Börsen gerieten langsam in Panik. Wenn die Hunts und andere Investoren weiter kaufen würden, wäre es absehbar, dass die Handelsfirmen mit ihren getätigten Termingeschäften in kurzer Zeit bankrott gingen.

Nun waren die Börsenverantwortlichen entschlossen zu handeln. Sie nahmen einige wesentliche Änderungen in den Börsenregeln vor. Zum einen beschränkten sie das Geschäftsvolumen, das ein einzelner Investor innerhalb eines Monats abwickeln konnte. Außerdem wurde das Gesamtvolumen aller Zeiträume begrenzt und schließlich mussten Geschäfte ab einer bestimmten Größenordnung angekündigt werden. Diese neuen Regeln sollten dazu führen, dass einerseits bereits bestehende Verpflichtungen vor der eigentlichen Fälligkeit durch Lieferung oder durch Barausgleich glattgestellt würden, damit die Summen nicht durch weiter steigende Kurse ins Unermessliche gehen würden. Andererseits sollte der wachsenden Spekulationslust auf Silber ein Riegel vorgeschoben werden, indem das Neugeschäft besser kontrolliert würde. Dennoch kletterte Silber weiter nach oben. Die Hunts verlagerten ihre Geschäfte nach London, wo die neuen Regeln nicht galten und am 17. Januar 1980 lag der Preis bei 48,80 Dollar. Am darauf folgenden Handelstag platzte die Blase. Der Vorstand der Warenterminbörse in New York tat etwas, das niemand für möglich gehalten hatte: Er verbot den Kauf von Silber!

Das war das Ende der großen Silberspekulation. Niemand außer denjenigen Händlern, die Lieferverpflichtungen für Silber eingegangen waren, durfte mehr Silber kaufen. Somit konnten die Hunts ihr gebunkertes Metall nur noch an die Firmen verkaufen, welche die Short-Positionen aufgebaut hatten. Schlimmer noch, sie konnten nur noch zu dem Preis verkaufen, den diese Firmen ihnen boten – wenn sie überhaupt ein Angebot unterbreiteten. Zu diesem Zeitpunkt besaßen die Hunts 192 Millionen Unzen, die sie für einen durchschnittlichen Einkaufspreis von 10 Dollar erstanden hatten. Am 17. Januar war dieser Bestand 9,2 Milliarden Dollar wert, was einen

Gewinn von 380 Prozent bedeutet hätte, wenn man das Silber zum Tageskurs veräußert hätte. Ab dem 21. Januar verloren die Hunts 192 Millionen Dollar mit jedem Dollar, den der Unzenpreis absackte (1).

Gut zwei Monate später erreichte Silber sein vorläufiges Tief von 10,80 Dollar. Im Zuge der Wirtschaftsrezession in den folgenden Jahren fiel der Silberpreis bis auf 5 Dollar. Auf diesem niedrigen Niveau stellte sich neues Kaufinteresse ein und Silber kehrte für einige Jahre in die Region von über 10 Dollar zurück.

Kapitel 2
Glänzende Zeiten

Wir stellen uns auf eine Zeit ein, in der Aktien und Anleihen dauerhaft niedrige Erträge abwerfen", sagte der Leiter des weltweiten Anlagegeschäftes der Deutschen Bank und er fuhr fort: „Rohstoffe stehen vor einem Comeback (2)." Zu diesem Zeitpunkt – Ende September 2003 – hatten die Edelmetalle Gold und Silber schon eine ansehnliche Jahresperformance erbracht. Dass sich die Finanzwelt stärker nach alternativen Investments umschauen musste, hatten die Kunden anderer Institute zum Glück schon früher erfahren. Große Finanzhäuser wie Goldman Sachs und UBS hatten ihren Klienten schon Monate zuvor zum Einstieg in Rohstoffe

geraten. Die Edelmetalle Gold und Silber konnten in den ersten neun Monaten des Jahres mehr als 20 Prozent Kurszuwachs verzeichnen und die weiteren Aussichten waren nicht nur für die Experten der Deutschen Bank sehr vielversprechend.
Gold befand sich bereits im Höhenflug, nachdem die Jahrzehnte dauernde Talfahrt im Jahr 2000 zu Ende gegangen war. Silber war seit Anfang der Achtziger Jahre in einem ausgeprägten Bärenmarkt und bildete im Jahr 2001 einen Boden mit einem 28-Jahrestief bei 4,14 US-Dollar pro Unze (1 Unze = 31,1035 Gramm). Im Jahr 2002 lag der Durchschnittspreis des weißen Metalls bei 4,50 Dollar und im Juli 2003 konnte Silber erstmals seit langer Zeit wieder die Schallmauer von 5 Dollar durchbrechen. Während Gold in erster Linie als Investment angesehen wird und als Wirtschaftsgut eher nebengeordnete Bedeutung hat, ist es bei Silber genau umgekehrt. Die ursprüngliche Geldfunktion des Silbers rückte mehr und mehr in den Hintergrund, wobei die Funktion als Rohstoff immer größere Bedeutung gewann. Die Edelmetall- und Rohstoffoptimisten haben inzwischen immer mehr Argumente auf ihrer Seite. Nicht zuletzt ist es die Marktdynamik, die sich ab Mitte des Jahres 2003 besonders lebhaft entwickelte und dem Sektor zusätzliche Kraft verlieh. Die Mehrzahl der Kommentatoren beschäftigte sich zwar noch mit den wirtschaftlichen und politischen Einflussfaktoren auf die Silber-, Gold- und Rohstoffpreise: Weltwirtschaftslage, Inflation oder Deflation, Terrorismusbekämpfung, Haushalts- und Handelsdefizit der USA, Dollarkrise. Aber der kaufpsychologische Prozess war schon längst in vollem Gang und entfaltete seine Wirkung. Sobald nämlich ein paar renommierte Finanzinstitute damit angefangen hatten, ihren Kunden Gewinn bringende Anlageempfehlungen auszusprechen, konnte man ahnen, dass es nach den vorausgegangenen Mustern der Aktieneuphorie in den Neunziger Jahren automatisch zu ähnlichen Abläufen kommen würde. Erst langsam und dann immer schneller und in immer größerer Zahl würden Investoren versuchen, auf den fahrenden Zug aufzuspringen. Wenn eine ausreichende Anzahl von Anlegern auf ein Gewinn versprechendes Segment

aufmerksam geworden sind, gewinnt die Bewegung immer mehr an Fahrt. Je mehr Investoren einsteigen, umso mehr wird sich die Entwicklung als eine sich selbst erfüllende Prophezeiung darstellen. Der Markt steigt, weil die Leute kaufen. Dies wiederum verstärkt das Vertrauen in die Aufwärtsbewegung und führt zu weiteren Käufen und Kurssteigerungen.

Die Entwicklung des Silberpreises wurde – ebenso wie der Goldpreis – lange Zeit von der Geldpolitik der USA bestimmt. Im Jahr 1792 wurde für die Vereinigten Staaten von Amerika ein Bimetallstandard für das Währungssystem beschlossen: der US-Dollar stützte sich auf Gold und Silber als Währungsmetalle. Es waren gleichzeitig Gold- und Silbermünzen mit gesetzlicher Zahlungskraft in Umlauf. Als die USA im Jahr 1900 den Gold-Standard als alleinige Währungsgrundlage deklarierten, beschleunigte sich der Verfall des Silberpreises, der bereits zum Ende des 19. Jahrhunderts durch hohe Produktionskapazitäten in den Vereinigten Staaten stark gesunken war. Trotz intensiver Bemühungen und Interventionen war die Regierung nicht in der Lage, den Silberpreis stabil zu halten. Im Jahr 1902 lag der Preis pro Unze bei 47 Cents. Das Allzeittief des weißen Metalls lag bei 25 Cents während der großen Depression im Jahr 1933.

Während viele Menschen Silber als „kleinen Bruder" des Goldes ansehen, hat das weiße Metall schon manches Mal das gelbe Metall überflügelt. Insbesondere in der großen Blüte der Rohstoffe in den Siebziger Jahren konnte Silber seinen Rivalen um Längen schlagen. Von 1971 bis 1980 schoss der Silberpreis von 1,30 Dollar pro Unze auf 50 Dollar, was einem Zuwachs von 3.746 Prozent entsprach! Während des gleichen Zeitraumes stieg der Goldpreis von 35 Dollar pro Unze auf 800 Dollar – das ist zwar auch ein stattliches Ergebnis, aber leider sind es „nur" 2.186 Prozent. Ein Anleger, der auf Silber statt auf Gold setzte, konnte damals ein um über 70 Prozent besseres Ergebnis erzielen.

Kapitel 3
Achterbahnfahrt

Die Milliardäre Bill Gates, Gründer von Microsoft, der Investmentguru Warren Buffet und der Börsenspekulant George Soros stiegen in den 90er-Jahren in Silber und Silberminen ein. Als die entsprechenden Nachrichten in der Finanzpresse auftauchten, war meist ein verständnisloser bis ironischer Unterton dabei. Zu einer Zeit, als das High-Techfieber und die Aktieneuphorie schon viele Kleinanleger angesteckt hatten, waren viele Finanzjournalisten und Marktkommentatoren ratlos. Sie konnten die Geschäfte der drei Superreichen nicht einordnen. Heute vergeht kaum ein Tag oder eine Woche, ohne dass Edelmetalle in den Schlagzeilen stehen. Die zu-

nehmende Erkenntnis der Investorengemeinschaft, dass Silber und Gold eine attraktive Anlagekategorie sind, wird nach und nach von immer mehr außenstehenden Beobachtern geteilt.
Vielen Geldanlegern war lange Zeit nicht bewusst, dass Edelmetalle eine antizyklische Anlagekategorie darstellen, d.h. dass sie meistens eine gegenläufige Entwicklung zu Aktien und Anleihen aufweisen. In einer über 20 Jahre dauernden Phase, in der Papiervermögen einen stetigen Aufstieg erlebte, haben viele gestandene Investoren vergessen, dass es auch reale Vermögenswerte gibt. Die Junginvestoren sind mit den greifbaren Werten Gold und Silber normalerweise noch gar nicht in Berührung gekommen: sie waren glücklich und zufrieden mit Aktien, Anleihen und Investmentfonds. Der Grund hierfür lag zu einem großen Teil darin, dass mit Beginn der 90er-Jahre US-Notenbankchef Alan Greenspan die Philosophie des knappen Geldes über Bord warf und eine lockere Geldpolitik einleitete. Ziel sollte es sein, jede Rezession oder Finanzkrise zu vermeiden, indem Zinsen gesenkt und die Geldhähne aufgedreht würden.
Während der Rezession 1991 fuhr Greenspan die Zinsen aus dem zweistelligen Bereich in den niedrigen einstelligen Bereich herunter. Bis auf kurzfristige und moderate Anhebungen blieben die Zinsen während der gesamten Regierungszeit von Präsident Bill Clinton auf relativ niedrigem Niveau, womit die Bühne bereitet war für die große Aktienblase. Die Geldmenge wurde schnell und großzügig ausgeweitet und floss ebenso schnell und großzügig in Internet-, Hightech-, und Biotech-Aktien. Das Überangebot an Geld nährte die Finanzmärkte, ließ die Aktienkurse in den Himmel schießen und brachte für eine paar Jahre astronomische Renditen. Als Erklärung für dieses Phänomens gab die Wall Street jedoch nicht die Inflationspolitik der amerikanischen Notenbank an, sondern man erfand die „Neue Ära“: der Grund für die hohen Kurse und den neuen Reichtum war der technologische Fortschritt. Dieser Fortschritt, gepaart mit einer lockeren Geldpolitik, würde zu ständig steigenden Gewinnen und ewigem Wohlstand führen. Leider endete der Traum mit dem Platzen der Blase im Frühjahr 2000.

Politiker, Finanzexperten der Wall Street und Investoren mussten erkennen, dass es nicht immer nur aufwärts geht, sondern dass es noch Konjunkturzyklen und Wirtschaftskrisen mit steilen Abwärtspassagen gibt. Trotzdem handelte die amerikanische Notenbank nach dem alten Patentrezept. Sie reduzierte die Zinsen auf historische Tiefstände und ließ die Gelddruckmaschinen auf vollen Touren laufen. Diesmal jedoch reagierte die Wirtschaft nicht wie erwartet, sondern als Folge der Geldfluten bildeten sich Blasen am Anleihemarkt, am Immobilienmarkt und am Hypothekenmarkt. Wenn man in Amerika schon eine Menge Geld mit Aktien verloren hatte, so konnte man sich ja über die Wertsteigerung seiner Immobilie freuen und zu besten Konditionen neue Darlehen aufnehmen. Das Problem dabei ist nur, dass mit zunehmender Geldmenge der Wert des bereits vorhandenen Geldes abnimmt, wenn nicht in gleichem Maße wie die Geldmenge wächst auch entsprechende Güter produziert und Dienstleistungen erbracht werden.

Wenn man die offiziellen Statistiken betrachtet, könnte man annehmen, dass die enormen Geldmengen durch entsprechende Leistungen abgedeckt sind. Jedoch ist bei Zahlen aus der Vergangenheit und bei Zukunftsprognosen Vorsicht geboten. Seit 1992 konnten die Vereinigten Staaten von Amerika ein um durchschnittlich 2-Prozent-Punkte höheres Wachstum als Euroland und Japan ausweisen. Dieser Wachstumsvorsprung hat sich inzwischen vollständig aufgezehrt und rückblickend darf man die eindrucksvolle Stärke der US-Wirtschaft sogar bezweifeln. Viele Zahlen wurden im Nachhinein von den Statistiker kräftig nach unten revidiert.

Das amerikanische Arbeitsministerium musste zugeben, dass die Produktivität in den Jahren 1997 bis 2000 um mehr als 0,5 Prozent weniger gewachsen war als ursprünglich angegeben. Um weitere 0,5-Prozent-Punkte niedriger wären die US-Wachstumszahlen ausgefallen, wenn bei der Berechnung des Wachstums im EDV-Bereich die gleiche Systematik wie in Europa verwendet worden wäre (3). Für das gegenwärtige und zukünftige Wachstumspotenzial sind ebenfalls vorsichtige Schätzungen angebracht, denn der angebliche Wachstumsvorsprung der Vereinigten Staaten resultierte im

Jahr 2003 hauptsächlich aus Militärausgaben für den Irakkrieg und aus Konsumausgaben der Verbraucher, die dank Greenspan günstige Kredite für den Autokauf aufnehmen konnten.

Durch die von der Notenbank Anfang der 90er-Jahre eingeleitete expansive Geldpolitik wurde letztendlich der Grundstein gelegt für den steilen Aufstieg der Aktien und deren tiefen Fall zu Beginn des neuen Jahrtausends. Gleichzeitig war dies die Basis für den sich nun anschließenden Bullenmarkt bei Rohstoffen und Edelmetallen. Auch wenn für die Mehrzahl der Privatanleger Ende der Neunziger noch nicht ersichtlich war, weshalb die drei Superreichen Gates, Buffett und Soros in Silber einstiegen, ist es heute noch nicht zu spät, es ihnen gleich zu tun.

Kapitel 4
Geliehener Wohlstand

„Ich stecke bis zum Hals in Schulden, aber mir geht es bestens“, lautete ein bekannter Werbespruch im US-Fernsehen, der ganz witzig sein könnte, wenn die Sache nicht so ernst wäre. Besagter TV-Spot stammt von einem Finanzberater, der all jenen Amerikanern Hilfe verspricht, die selbst mit ihrem Schuldenberg nicht mehr klarkommen – und davon gibt es inzwischen eine ganze Menge. Nach dreijähriger Wirtschaftskrise erlebte das Land Mitte 2003 einen scheinbar kräftigen Aufschwung und die Wirtschaftspropheten überboten sich geradezu mit ihren Wachstumsprognosen. Präsident George W. Bush hatte trotz leerer Kassen Steuergeschenke verteilt

und die amerikanischen Verbraucher wussten sofort, was sie mit dem zur Verfügung stehenden Geld anfangen sollten.
Sie hätten zwar damit einen Teil ihrer Schulden zurückzahlen können, die sie auf ihren Immobilien oder ihren stark beanspruchten Kreditkartenkonten hatten, aber sie wussten, dass es darauf ankam, die Konjunktur durch Konsum anzukurbeln. Deshalb verzichteten sie auf das Sparen und verwendeten ihre Steuerrückzahlungen für neue Autos, DVD-Spieler, und andere wichtige und weniger notwendige Anschaffungen – obwohl knapp 60 Prozent aller Kreditkartenbesitzer ihre Schulden nicht jeden Monat komplett zurückzahlen konnten. Nicht wenige lösten dann ihr Problem dadurch, dass sie einfach eine neue Karte mit höherem Kreditrahmen beantragten, um ihre alten Schulden zu bezahlen. Bankfachleute befürchteten nicht zu Unrecht, dass immer mehr Haushalte unter ihren Kartenschulden zusammenbrechen würden, wenn sich die schlechte Lage am Arbeitsmarkt nicht bald bessern würde. Bereits für das laufende Jahr sagten sie einen Rekord bei den Privatbankrotten in den USA voraus.
Leider kam der Konsumhunger der amerikanischen Bürger weniger dem eigenen Land als „Wirtschaftshilfe“ zugute als vielmehr der chinesischen Volkswirtschaft. Die Amerikaner kauften nämlich sehr viele billige Importwaren aus China – die einheimischen Produkte waren oft zu teuer. In Summe importierten sie rund 50 Prozent mehr als sie exportierten. Analysten gingen für das Jahr 2003 von einem Außenhandelsdefizit von weit über 500 Milliarden Dollar aus, fast sechs Prozent des Bruttoinlandsprodukts. Um ein Defizit in dieser Größenordnung auszugleichen, benötigten die USA ausländische Investitionen in Höhe von 1,5 Milliarden Dollar am Tag – fast 50 Milliarden pro Monat. Dabei wurden immer mehr neue Kredite in Form von Staatsanleihen benötigt, um alte Schulden zu bedienen, was wiederum wenig oder gar keinen Spielraum für echtes Wachstum oder zukunftsträchtige Investitionen ließ.
Ein solcher Prozess erzeugt so gut wie immer eine fast auswegslose Eigendynamik: vorhandene Schulden führen zu immer mehr neuen Schulden.

Der einzige Grund, weshalb Amerika noch nicht das Schicksal Japans und Argentiniens mit entweder chronischer Deflation oder dramatischer Abwertung der Währung sowie einhergehender hoher Inflation erlitten hatte, war die Tatsache, dass der US-Dollar immer noch als Weltreservewährung angesehen wurde. Amerika wollte sich für seine eskalierenden Kriegskosten im Irak und die Steuergeschenke der Bush-Regierung solange Geld von Ausländern leihen, solange diese bereit waren, ihr Geld herzugeben. Die entscheidende Frage war: Wie lange würde das noch so weitergehen?
In der Vergangenheit konnten diese Löcher durch ausländische Geldzuflüsse in amerikanische Aktien und Anleihen gestopft werden – alleine die asiatischen Länder hatten einen Anteil von über 40 Prozent. Das funktionierte nicht mehr, als der Aktienmarkt danieder lag und internationale Anleger nach den massiven Zinssenkungen der amerikanischen Notenbank auf US-Anleihen deutlich geringere Renditen erhielten als auf europäische Rentenpapiere.
Dies hatte zur Folge, dass Investoren rund um den Globus anfingen, ihr Geld aus den USA abzuziehen und auch die Notenbanken anderer Länder dachten über Umschichtungen nach.
Für viele Zentralbanken wird ohnehin der Euro immer wichtiger. Machte die Gemeinschaftswährung bisher rund 15 Prozent der weltweiten Währungsreserven aus, so könnten es bald deutlich über 20 Prozent sein. Russland hatte bereits im Jahr 2002 den Euro-Anteil von unter zehn auf über zwanzig Prozent erhöht. Ziehen die asiatischen Notenbanken in gleichem Maße nach, dürfte dies mittelfristig für weiteren starken Auftrieb für den Euro sorgen, denn 80 Prozent der weltweiten Währungsreserven werden von asiatischen Notenbanken gehalten.
Die amerikanische Regierung hätte eigentlich froh darüber sein müssen, dass sie bei ihrem hohen Schuldenstand immer noch Käufer für ihre Staatsanleihen fand, aber sie war gerade mit ihren wichtigsten Kunden Japan und China unzufrieden, obwohl diese beiden Länder das Handelsdefizit der USA zum größten Teil finanzierten. Allein im Mai 2003 hatte die Bank of

Japan (BOJ) für über 33 Milliarden Dollar US-Wertpapiere gekauft – anders gesagt, sie gab Amerika einen Kredit in besagter Höhe und stellte damit den größten Teil des in diesem Monat notwendigen Kapitalzuflusses bereit. Mit einem Berg von insgesamt über 440 Milliarden Dollar an amerikanischen Staatsanleihen war Japan der weltweit größte Gläubiger der USA. Natürlich handelte Japan nicht aus reiner Freundschaft zum amerikanischen Volk, sondern es wollte eine Aufwertung des Yen verhindern. Mit dieser Maßnahme sollte die eigene Währung geschwächt werden, um den Wechselkurs des Yen gegenüber dem Dollar nach unten zu schleusen. Man erhoffte sich dadurch einen Exportboom, der die japanische Volkswirtschaft endlich aus der seit mehr als zehn Jahren anhaltenden Misere befreien sollte.
Mit seiner Reise nach Peking wollte der US-Finanzminister John Snow Anfang September 2003 die Chinesische Führung dazu bewegen, den festen Wechselkurs zwischen dem Dollar und Chinas Währung, dem Renminbi, aufzugeben in Richtung eines freien Wechselkurses. Dadurch wäre es möglich, den Dollar schrittweise gegenüber der chinesischen Währung abzuwerten und somit auf elegante Art und Weise einen Teil der Verbindlichkeiten über eine billigere Währung zu tilgen. Als das Ansinnen auf keine positive Resonanz stieß, stellte die Regierung in Washington daraufhin Peking an den Pranger, indem sie unfaire Handelsvorteile durch die Anbindung des Renminbi an den Dollar unterstellte, da hierdurch die Preise für Waren aus China künstlich niedrig gehalten werden sollten. Was die Amerikaner sicherlich wussten, aber geflissentlich verschwiegen, war die Tatsache, dass die Kapitalzuflüsse aus China der Treibstoff für die US-Konjunktur waren. Die massiven Aufkäufe von US-Staatsanleihen durch asiatische Notenbanken und Investoren finanzierten einen Großteil des US-Haushaltsdefizits und damit nicht nur den umstrittenen Irakkrieg, sondern auch den teuren Wiederaufbau sowie die wohlwollenden Steuergeschenke von Präsident George W. Bush.
Zwar könnte eine Aufwertung der asiatischen Währungen und damit einhergehend eine Abwertung des Dollars für die USA kurzfristig Erleichterung bringen, da es der amerikanischen Industrie vorübergehend hilft und einen

momentanen Wettbewerbsvorteil verschafft. Mit einem Wertverfall des Greenbacks sinkt jedoch auch der Anreiz für ausländische Investoren, amerikanische Wertpapiere zu kaufen. Dann könnte der Geldfluss aus Asien versiegen und dem wackligen US-Aufschwung ginge der Treibstoff aus. Sollten sich die asiatischen Länder weiterhin stark bedrängt sehen und ihre Strategie sich nicht mehr als durchführbar erweisen, könnten die Notenbanken von Japan und China einen anderen Kurs einschlagen. Warum sollten sie riesige Dollarbestände horten, wenn die Exportschancen nach Amerika ohnehin schwinden und wenn gleichzeitig der Wert der amerikanischen Währung immer geringer wird?

Der Internationale Währungsfonds (IWF) sah den Ernst der Lage. Zum Auftakt der Herbsttagung 2003 von IWF, Weltbank und G7-Staaten in Dubai sagte IWF-Chefvolkswirt Kenneth Rogoff: „Das riesige Leistungsbilanz-Defizit der USA muss eines Tages zurückgefahren werden – dann wird der Dollar scharf absacken (4).“ Wenn das passiert und das Vertrauen in den Dollar schwindet, werden nicht nur europäische Staatsanleihen profitieren, sondern auch die realen Werte Gold – und Silber.

Kapitel 5
Alles wird gut

Die größte Aktienmarktverrücktheit in der Geschichte der Welt läuft noch auf vollen Touren." – Das stand in der letzten Septemberwoche des Jahres 2003 in der führenden US-Anlegerzeitung BARRON'S. Noch waren die ersten Bomben nicht auf Bagdad gefallen, als im März desselben Jahres die Anleger eine erfolgreiche Schlacht der Koalition der Willigen gegen den Irak vorwegnahmen, zumindest an der Börse. Viele Anleger, die sich nach der langen Börsenkrise von Aktien abgewendet hatten, kehrten zurück.
Die Aktienkurse begannen zu klettern und bis zum Jahresende hatte der DAX rund 80 Prozent zugelegt. Genau wie in den heißen Jahren der voraus-

gegangenen Manie trieben Aktienkäufer DAX, Dow und Co. in steilen Etappen nach oben. Einfache Leute, wohlhabende Individuen und mächtige institutionelle Anleger jagten den steigenden Kursen hinterher, als ob es am nächsten Tag keine Aktien mehr zu kaufen gäbe. Die durchschnittliche Barquote der US-Aktienfonds lag mit rund 4 Prozent wieder deutlich unter dem langfristigen Mittel von knapp 8 Prozent.

Da war sie also wieder, die alte Begeisterung und mit ihr kamen auch die alten Gewohnheiten zurück. Das Wall Street Journal berichtete, dass das Daytrading wieder in Mode kam und mit dem Daytrading wurden auch die alten Sünden wieder zu Tugenden: die von den Brokern ausgeliehenen Kredite für Aktienkäufe stiegen zunächst im Gleichschritt mit dem Nasdaq-Index. Als aber die Rally nach drei Monaten weiterging, explodierte die Kreditaufnahme förmlich. Bis zum Spätsommer war die Benchmark (der Tech-Index) um 40 Prozent angestiegen, doch das Volumen der an Anleger gewährten Kredite hatte sich verfünffacht.

Die nur auf ihren eigenen Umsatz bedachten Broker verliehen wieder viel Geld, damit Anleger in risikoreiche Unternehmen investierten (5). Durch die Gegenüberstellung von Anlagekreditvolumen und Nasdaq-Entwicklung konnte man deutlich sehen, wie das neue Spekulationsfieber stieg und so zum Triebwerk der aktuellen Börsenrallye wurde. Es war ohnehin eine bedenkliche Angelegenheit: ausgerechnet die Aktien, die den Investoren im vorausgegangenen Crash die größten Verluste beschert hatten, waren am heißesten begehrt. Anscheinend waren die Menschen wild entschlossen, die verheerenden Verluste der erst vor kurzem geplatzten Blase mit den selben Internet- und Technologieaktien wettzumachen – ohne Rücksicht auf Verluste.

Niemals zuvor in den vergangenen Jahrzehnten waren so viele Anleger bereit, auf nichts anderem als auf Basis von Spekulationen ihre Gelder zu verwetten, die wilden Jahre zwischen 1998 und 2000 eingeschlossen. Immerhin hatten die Optimisten der späten Neunzigerjahre damals einen Wirtschaftsboom im Rücken, auf den sie ihren Optimismus stützen konnten.

Jetzt hieß das Motto: der Aufschwung kommt – es ist nur noch eine Frage der Zeit. Im nächsten Quartal oder im nächsten Jahr, spätestens im Jahr darauf. Man muss nur Geduld haben, dann wird alles gut. Scheinbar glaubten jedoch nicht alle daran. Diejenigen Investoren, die Finanznachrichten genauer studierten und sich mehr mit den fundamentalen Zahlen beschäftigten, hielten ihr Pulver trocken. Sie kauften keine Aktien, sondern sie machten genau das, was viele Firmenbosse und Top-Manager der Technologieunternehmen taten: sie verkauften. Insider-Verkäufe waren in der Regel immer verlässliche Orientierungshilfen. Wer sollte über die zukünftigen Gewinnaussichten eines Unternehmens denn besser Bescheid wissen als die Führer und Inhaber?
Zwischenzeitlich war das Verhältnis von Insider-Verkäufen zu Insider-Käufen auf über 50 : 1 angestiegen, d.h. auf jede von einem Insider gekaufte Aktie kamen über 50 verkaufte – das war ein Rekordniveau. Und es gab keinen Mangel an willigen Käufern, trotz bescheidener Gewinnaussichten der Unternehmen und eines danieder liegenden Arbeitsmarktes. Vor allem im Technologiesektor verkauften die Insider aggressiv Aktien. An der Technologiebörse Nasdaq hatte das Verhältnis von Insider-Verkäufen zu Insider-Käufen im dritten Quartals 2003 den höchsten Stand aller Zeiten erreicht. Insbesondere in der zweiten Jahreshälfte 2003 nahmen die Verkäufe historische Dimensionen an. Größte Einzelverkäufer waren Bill Gates (er verkaufte Microsoft-Aktien für 1,67 Milliarden Dollar), Steve Ballmer (er verkaufte Microsoft-Aktien für 1,44 Milliarden Dollar) und Michael Dell (er verkaufte Dell-Aktien für 1,65 Milliarden Dollar). Dies legte die Vermutung nahe, dass die Führer und Lenker dieser Unternehmen nicht besonders zuversichtlich waren, dass sie die Erwartungen des Marktes in Zukunft erreichen würden (6).
Die entscheidende Frage blieb also: Was lässt die Wirtschaft und die Kurse weiterlaufen, wenn der erhoffte Aufschwung nicht kommt, wenn die Zinssenkungen und die grenzenlose Geldvermehrung der amerikanischen Notenbank keine nachhaltige Wirkung zeigen? Bei einem Zinssatz von 1 Prozent waren keine großen Schritte nach unten mehr möglich. Eine weitere

Zinssenkung hätte sogar einen gefährlichen Effekt, weil sie die Hilflosigkeit und Verzweiflung der Notenbank deutlich macht. Weitere Steuersenkungen waren so gut wie ausgeschlossen, da bereits auf dem aktuellen Stand niemand mehr wusste, wo das Geld für alle öffentlichen Aufgaben herkommen sollte. Die beste Hoffnung war und blieb daher, der neuen Aktienblase – manche nannten sie auch „Echo-Blase" – sollte so lange wie möglich die Luft erhalten bleiben. Dies würde der Regierung Einnahmen durch Kapitalertragssteuern bringen und die Anleger bei Laune halten, wenn sie ihre Jobs verlieren. Seit dem Jahr 2001 hatte die US-Wirtschaft über 2,7 Millionen Arbeitsplätze verloren. Und so wartete jeder auf Zeichen der Besserung. Selbst kleinste Signale einer positiven Trendwende wurden begeistert aufgenommen und mit freudigen Kursgewinnen honoriert.

Eine dieser guten Nachrichten wurde am 3. Oktober 2003 vom Arbeitsministerium der Vereinigten Staaten verkündet. Stolz teilte man mit, dass im September zum ersten Mal seit 8 Monaten die Zahl der Beschäftigten wieder um 57.000 gestiegen war, obwohl man mit einem Verlust von 25.000 weiteren Jobs gerechnet hatte. Für die Wall Street war dieser Jobzuwachs das letzte Puzzlestück, das für einen kräftigen Aufschwung noch fehlte. Vorsichtigere Beobachter waren mit ihrer Begeisterung eher zurückhaltend. Für sie war das Plus von 57.000 Jobs statistisch nicht aussagekräftig. Um die neu in die Wirtschaft strömenden Arbeitssuchenden zu integrieren und einen weiteren Anstieg der Arbeitslosigkeit zu verhindern, müssten monatlich mindestens 150.000 neue Stellen geschaffen werden. Der kleine Zuwachs vom September war bei weitem nicht stark genug, um die Wirtschaft auf einem dauerhaften Wachstumspfad zu halten. Deshalb gingen auch viele Wirtschaftsexperten davon aus, dass die US-Notenbank Fed (Federal Reserve) ihre niedrigen Zinsen und die expansive Geldpolitik noch eine Weile beibehalten würde (7). Bereits 1987 hatte die Notenbank durch eine kräftige Liquiditätsspritze verhindert, dass der Einbruch der Aktienkurse auf die Realwirtschaft überschwappte. Allerdings versäumte sie es dann, die zusätzliche Liquidität später wieder einzusammeln.

Anfang der Neunzigerjahre rettete die Fed die in Schieflage geratenen amerikanischen Sparkassen mit Finanzhilfen vor dem Zusammenbruch. Im Zuge der Asien- und Russlandkrise erfolgte 1997/1998 die nächste weltweite Rettungsaktion. Die Währungshüter pumpten frisches Geld in das weltweite Finanzsystem und legten damit die Basis für die gigantische Spekulationsblase. Als diese platzte, sahen sich die Notenbanker erneut gezwungen, die Geldschleusen zu öffnen um die Realwirtschaft vor dem Absturz zu bewahren. Durch diese vielen Liquiditätsspritzen beschleunigte sich das Geldmengenwachstum enorm. Sowohl in den USA als auch in Euroland befindet sich gegenwärtig weitaus mehr Geld in Umlauf als zur Finanzierung des nominalen Wirtschaftswachstums benötigt wird.
Über kurz oder lang wird sich die überschüssige Liquidität ihren Weg suchen, was in der Vergangenheit vor allem zu einem starken Anstieg der Aktien, Anleihen und Immobilien führte. Als Nächstes könnten dann die Gütermärkte an der Reihe sein. Alleine die im Euro-Raum aufgelaufene Überschussliquidität würde rein rechnerisch ausreichen, um das Preisniveau dauerhaft um 7 Prozent anzuheben (8). Wenn dann die Zeiten niedriger Inflationsraten vorbei sind, wird Silber nicht nur als Rohstoff, sondern auch als Inflationsschutz stark gefragt sein.

Kapitel 6
Geldsegen im Zauberland

Geldmengenwachstum, Spekulationsblase, Inflation und Finanzcrash – alle diese Vokabeln aus dem Wirtschaftslexikon können anschaulich mit Inhalt gefüllt werden, wenn man sich das Vergnügen gönnt, eine Partie Monopoly zu spielen. Jeder, der schon einmal dieses spannende Spiel in geselliger Runde mitgespielt hat, konnte die Auswirkungen einer expansiven Geldpolitik und die daraus resultierenden Entwicklungen im Zeitraffertempo miterleben. Was in der Realwirtschaft innerhalb von zwanzig bis dreißig Jahren abläuft, verkürzt sich beim Spiel auf rund zwei Stunden und führt die dahinter stehenden Wirkungsmechanismen unmittelbar vor Augen.

Die ersten Spielrunden beim Monopoly sind noch nicht besonders aufregend. Jeder hat noch ungefähr das gleiche Vermögen. Man würfelt munter vor sich hin, konzentriert sich auf die gewürfelte Punktezahl und hofft, auf einer attraktiven Straße zu landen, die noch zu haben ist. Beim Kauf der ersten Straßenzüge verhalten sich die Mitspieler verhältnismäßig sparsam und geben bei Kauf- und Tauschgeschäften von Straßen ihre Gebote an die anderen Spieler nur in der Nähe des Ursprungskaufpreises ab.
Nach und nach verändert sich der Charakter des Spieles, es wird schneller und emotionaler. In der Schlussphase werden bei Kauf- und Tauschgeschäften immer höhere Summen und Rekordpreise geboten. Einer nach dem anderen scheiden die Spieler durch Pleiten aus. Manche müssen ihre Straßen zu Schleuderpreisen an die wenigen Bieter abgeben, die noch liquide sind. Ganz am Schluss sind alle Mitspieler zahlungsunfähig – der Sieger besitzt alles.
Wie kommt es zu einer derartigen Entwicklung? Braucht man eine besondere Strategie um zu gewinnen oder ist es reine Glückssache? Sicherlich hat man bessere Chancen, wenn man ein routinierter Spieler ist, aber in jedem Fall spielt das „Los“ eine entscheidende Rolle. Jeder Spieler – Gewinner wie Verlierer – freut sich bei jeder Runde aufs Neue, wenn er/sie über dieses Feld kommt und wie von Zauberhand 4.000 Geldeinheiten zusätzlich bekommt. Für die Spieler, die knapp bei Kasse sind, ist es eine willkommene Stütze, für die erfolgreichen eine weitere Stärkung ihrer Finanzkraft zum Ausbau ihrer Häuser- und Hotelketten. Die Wirkung des Segen spendenden Los-Feldes liegt darin, dass bei jeder Spielrunde die Geldmenge erhöht wird. Bei vier Spielern kommen pro Runde 16.000 Geldeinheiten zusätzlich ins Rennen. Bei 15 Runden hat sich die Geldmenge um 240.000 erhöht. Das ursprüngliche Start-Vermögen beträgt 30.000 Einheiten pro Spieler, bei vier Spielern also insgesamt 120.000 Einheiten.
Nach 15 Runden ist nun über die Los-Geldquelle die dreifache Geldmenge im Spiel: 120.000 Startguthaben von vier Spielern plus 240.000 Los-Geld. Es ist daher nicht mehr verwunderlich, wenn bei Preisverhandlungen zwischen

den Spielern über einzelne Straßen, Bahnhöfe und Straßenzüge im zunehmenden Spielverlauf immer höhere Beträge gefordert und erzielt werden. Die Liquiditätsspritzen des Los-Feldes haben den gleichen Effekt wie die Finanzhilfen der Notenbank. Wenn immer wieder frisches Geld herbeigezaubert und in das System gepumpt wird, sucht sich die Liquidität ihren Weg und führt im ersten Schritt zu einem starken Anstieg der Preise – im Monopoly-Spiel bei Immobilien, in der realen Wirtschaft auch bei Aktien und Anleihen. An dieser Stelle – beim Immobilienpreisanstieg – endet das Monopoly. Im echten Leben geht es weiter. Der Anleger reibt sich erstaunt die Augen, wenn nach dem Anstieg der Vermögenspreise die Güterpreise an der Reihe sind. Als Verbraucher zahlt er/sie immer höhere Beträge für die Dinge des täglichen Bedarfs. Lebensmittel, Medikamente und Dienstleistungen werden teurer, nicht zu vergessen die Energiekosten. Ganz gleich ob man im eigenen Haus oder zur Miete wohnt, man wird merken, dass im Zauberland des großen Geldes die Strom-, Gas oder Ölrechnung immer höher wird. Dann schwindet die Illusion des Reichtums und es schlägt die Stunde der Rohstoffe und von Silber.

Kapitel 7
Angebot und Nachfrage

Chinas Hunger nach Rohstoffen wird die Preise nach oben treiben," sagte der Asien-Chefökonom der Deutschen Bank und fuhr fort „China ist rohstoffarm und wird zu einem der wichtigsten Rohstoffimporteure der Welt (9)." Kein anderes Land steht so sehr im Blickpunkt deutscher und internationaler Unternehmen wie China. Alleine Volkswagen will in den nächsten fünf Jahren mehr als sechs Milliarden Euro dort investieren, so viel wie in den gesamten zurückliegenden 15 Jahren.

Seit Deng Xiaoping das Land Ende der siebziger Jahre für die Moderne öffnete, wächst die Wirtschaft in atemberaubendem Tempo um durchschnittlich gut 7 Prozent in jedem Jahr. Setzt sich der Wachstumsprozess so rasant fort, dürfte China mit seiner Wirtschaftsleistung schon in ein paar Jahren Frankreich und Großbritannien überflügeln und dann auch Deutschland als drittgrößte Volkswirtschaft einholen. Die jetzige Nummer zwei, Japan, und die USA an erster Stelle würden bis 2015 eingeholt. Eine Nation, die knapp die Hälfte der Wirtschaftsleistung Asiens erbringt, braucht enorme Mengen an Rohstoffen. Doch auch in den anderen asiatischen Ländern geht es voran. Japan gewinnt nach jahrzehntelanger Stagnation wieder neue Dynamik. Die malaysische Wirtschaft wächst mit fast 5 Prozent, Indien, Südkorea und Taiwan produzieren fleißig.

Dabei gibt es kaum Industriebereiche, bei denen nicht auch Silber im Spiel wäre. Kein Metall leitet Hitze und Elektrizität so effizient wie Silber. Als Edelmetall bringt Silber hervorragende Voraussetzungen für viele Anwendungsbereiche mit. Einzigartige Eigenschaften wie seine Festigkeit und Haltbarkeit, seine Verformbarkeit und seine Dehnbarkeit erlauben vielfältige Verarbeitungsmöglichkeiten des „weißen Goldes". In der Photographie macht seine Lichtempfindlichkeit das Metall zu einem unverzichtbaren Element. In der Batterieherstellung werden aufgrund seiner Widerstands- und Leitfähigkeit Silberlegierungen als Kathoden verwendet. Durch ihr besonderes Kraft-Gewichtverhältnis sind Silberzellen anderen Metallen überlegen. Batterien erreichen mit Silber höhere Spannungen und eine längere Lebensdauer. Auch in dem riesigen Wachstumsmarkt der Solarenergie werden in Zukunft große Mengen Silber gebraucht. Schon die alten Ägypter verwendeten das weißlich glänzende Metall für die Herstellung von Spiegeln. Heute reflektieren silberbeschichtete Flächen von Solaranlagen die thermische Energie und machen sie in großem Stil z. B. bei Parabolrinnen-Kraftwerken nutzbar.

Ein weiterer dynamisch wachsender Zukunftsmarkt ist die Wasseraufbereitung. Seit Generationen wird Silber verwendet, um Trinkwasser von Bakterien zu reinigen und Filter vor Veralgung zu schützen. In den Pionierzeiten warfen die amerikanischen Siedler auf ihrer Reise westwärts Silbermünzen in ihre Wasserbehälter, um das kostbare Lebenselixier keimfrei zu halten. Mit der zunehmenden Verknappung des „blauen Goldes" wird sauberes Wasser zu einem noch wertvolleren Gut, das mit Silber veredelt wird. Neuere Forschungen haben ergeben, dass Silber den Sauerstoff aktivieren kann, Bakterien abzutöten. Damit kann man in erheblichem Maß den Einsatz des aggressiven Chlors reduzieren und die Umwelt schonen. In den USA laufen derzeit Untersuchungen, in welchem Umfang Silber zur Schädlingsbekämpfung in der Holzwirtschaft rentabel und wirkungsvoll angewendet werden kann, um damit hochgiftige chemische Substanzen zu ersetzen. In der Medizin findet Silber aufgrund seiner antibakteriellen Wirkung weitverbreiteten Einsatz, angefangen von Augentropfen über Behandlung von Brandverletzungen, Verwendung bei Knochenimplantaten bis zur Verbesserung der Wundheilung – um nur einige Anwendungsgebiete zu nennen.

Das hochwertige Edelmetall Silber wird hauptsächlich beim Abbau weniger wertvoller Metalle produziert. Rund 57 Prozent der Jahresproduktion von Silber fallen bei der Produktion von Blei, Zink und Kupfer an, die an den Metallmärkten für weitaus niedrigere Preise gehandelt werden. Rund 14 Prozent des weißlich schimmernden Edelmetalls entstehen bei der Produktion von Gold. Nur ein gutes Viertel des produzierten Silbers stammt aus Primär-Minen, deren Haupteinkunftsquelle die Silbergewinnung ist.

Insgesamt war die Minenproduktion im Jahr 2002 ca. 3,3 Millionen Unzen (etwa 103 Tonnen) niedriger als im Jahr zuvor. Starke Produktionsrückgänge hatten insbesondere die USA und Chile zu verzeichnen – die USA wegen der Schließung einer Goldmine in Nevada, Chile wegen geringerer Nebenproduktion in den Kupferminen. Für das Jahr 2003 prognostizierte der World Silver Survey des Silver Institute in Washington ein weiterhin sinkendes Produktionsniveau (10).

Alles in allem wurde die Silberproduktion in den letzten zehn Jahren kaum ausgedehnt. Wurden im Jahr 1991 rund 512 Millionen Unzen zu Tage gebracht, so waren es im Jahr 2001 590 Millionen Unzen und im Jahr darauf nur 586 Millionen. Das entspricht gerade einmal einem Wachstum von etwa 1,5 Prozent. Dagegen entwickelte sich die industrielle Silbernachfrage im gleichen Zeitraum mit einer Steigerung von 2,6 Prozent weitaus dynamischer. Im Jahr 2002 wurden insgesamt 863 Millionen Unzen nachgefragt. Der Bedarf gliederte sich wie folgt (in Millionen Unzen):

Industrielle Anwendungen	342,4
Fotografie	205,3
Schmuck und Silberwaren	259,2
Münzen und Medaillen	31,3
Absicherungspositionen	24,8 (11)

Eine besonders stark wachsende Silbernachfrage ist in den industriellen Anwendungen außerhalb der Fotografie zu beobachten, die von 1992 bis 2000 jährlich hohe Zuwachsraten verzeichneten. Der Einbruch der Industrieproduktion in den westlichen Industrieländern führte im Jahr 2001 zu einem vorübergehenden Nachfragerückgang. Durch die Erholung der industriellen Aktivitäten wird die Nachfragedelle aber wieder ausgeglichen. Unbeeindruckt von der Abkühlung der Weltkonjunktur boomte der Schmuckbereich auch im Jahr 2001. Die Silbernachfrage für Schmuck stieg in den letzten 10 Jahren um mehr als 4,4 Prozent pro Jahr. Im Fotobereich stagniert der Bedarf seit geraumer Zeit. Silberkritiker führen dies auf den zunehmenden Einsatz digitaler Technik zurück, die die Papierformate und damit Silber in der Fotografie verdrängen werde. Doch das totgesagte Silber zeigt sich sehr lebendig. Trotz der digitalen Möglichkeiten benötigt die Fotoindustrie noch ebenso viel Silber wie vor zehn Jahren. Auch wenn in den nächsten Jahren die Nachfrage aus dem Fotobereich leicht zurückgehen sollte, wird das durch eine robust wachsende Nachfrage für viele andere Anwendungen mehr als ausgeglichen werden.

Demgegenüber hat sich eine primäre Angebotslücke ausgebildet. Die Minenproduktion, die Einschmelzung von Silberprodukten und das aus

Recycling gewonnene Silber reichen bei weitem nicht aus, um die Silbernachfrage der Industrie sowie der privaten Käufer von Münzen und Barren zu befriedigen. Bei den jahrelang niedrigen Silberpreisen zwischen 4 und 5 Dollar pro Unze arbeiteten die primären Silberminenbetreiber nicht besonders profitabel. Notwendige Ausrüstungs- und Förderinvestitionen unterblieben, so dass das primäre Silberangebot kaum wachsen dürfte.
Die anderen Silberlagerstätten in den Kupfer/Zink/Bleibergwerken werden zum steigenden Bedarf keinen unmittelbaren Beitrag leisten, da deren Hauptinteresse auf anderen Gebieten liegt. Diese Faktoren lassen einen deutlich größeren Silbermangel und damit steigende Silbernotierungen in den nächsten Jahren erwarten, insbesondere wenn die Weltkonjunktur nachhaltig Tritt fasst. Die Angebotssituation im Jahr 2002 sah folgendermaßen aus (in Millionen Unzen):

Minenproduktion	585,9
Notenbankverkäufe	71,3
Silber-Recycling	184,9
Verkäufe von Investoren	20,9 (12)

Damit die Nachfrage von insgesamt 863 Millionen Unzen befriedigt werden konnte, musste eine Angebotslücke von über 92 Millionen Unzen zwischen Bedarf einerseits und Minen- und Recyclingkapazitäten andererseits geschlossen werden. Das erforderliche Volumen wurde durch Verkäufe von Notenbanken und privaten Investoren bereitgestellt. Die Notenbankquelle dürfte nach Angaben des World Silver Institute jedoch bald versiegen. Man nimmt an, dass die offiziellen Stellen noch über einen Silbervorrat von rund 170 Millionen Unzen verfügen. Würden die staatlichen Reserven wie bisher mit ca. 70 bis 80 Millionen Unzen pro Jahr abverkauft, wäre dieser Bestand in zwei bis drei Jahren vollständig aufgebraucht. Eine weitere Quelle, aus welcher der Nachfrageüberhang bedient werden konnte, sind die privaten

Silberbestände. Im Zuge der Silberspekulation der Gebrüder Hunt wurden 1979/80 große Silberpositionen aufgebaut, die in den neunziger Jahren in den Markt geworfen wurden. Auch hier dürfte das meiste Pulver bereits verschossen sein.
Aus dem von der CPM Group, dem weltweit führenden Beratungsunternehmen für Edelmetalle und Rohstoffe, erstellten Silver Survey 2003 geht hervor, dass sich von 1990 bis 2003 ein Angebotsdefizit aus Minenproduktion und Recycling von über 1,9 Milliarden Unzen aufgebaut hat. Bezeichnend für die Situation am Silbermarkt ist die Tatsache, dass das amerikanische Finanzministerium bereits im Jahr 2001 nicht mehr genug Silber hatte, um die traditionellen Silbermünzenserien aufzulegen. Das Schatzamt musste am Markt Silber hinzukaufen, um die alte Tradition weiterführen zu können (13).
Aufgrund der aufgeführten Zahlen und Fakten ist offensichtlich, dass die Silbernachfrage weiterhin hoch bleiben wird, während das Angebot an frisch gewonnenem und Recyling-Silber diese Nachfrage nicht decken kann. Private und offizielle Bestände, mit denen der Nachfrageüberhang bisher ausgeglichen wurde, dürften weitestgehend erschöpft sein.
Zudem ist die Nachfrage nach Silber relativ unelastisch. Das bedeutet, dass die Industrie auch bei einem starken Preisanstieg des einzigartigen Edelmetalls in kaum einem Bereich auf alternative Metalle ausweichen kann. Es stellt sich daher nicht die Frage, ob die niedrigen Silberbestände eine deutliche Reaktion des Silberkurses nach oben auslösen werden, sondern nur noch die Frage wann.

Kapitel 8
Geldspeicher

Hans Eichel ging schweren Zeiten entgegen. Der jüngste Monatsbericht des Bundesfinanzministers kündete von dramatischen Finanzproblemen. Ging der Haushaltsplan des Bundes für 2003 noch von einer Neuverschuldung von 18,9 Milliarden Euro aus, so musste Eichel im Oktober desselben Jahres einräumen, dass dieser Betrag bei weitem nicht ausreichen würde. Das Defizit würde wahrscheinlich bei über 40 Milliarden Euro liegen. Sinkende Steuereinnahmen nach fast vier Jahren wirtschaftlicher Talfahrt ließen die Schulden auch in Deutschland auf neue Rekordmarken klettern. Denn trotz geringerer Einnahmen blieben die Ausgaben konstant oder stiegen sogar noch weiter. Im Januar 2004 war es dann amtlich: Im vorausgegangenen Jahr hatte das gesamtstaatliche Defizit von Bund, Ländern, Gemeinden und Sozialkassen ein Rekordniveau von 86 Milliarden Euro erreicht. Größter Schuldenmacher war der Bund mit über 41 Milliarden Euro.

Ende Februar berichtete das Statistische Bundesamt in Wiesbaden, dass die Schulden der öffentlichen Haushalte im vergangenen Jahr auf mehr als 1,3 Billionen Euro gestiegen waren. Dies war nahezu eine Verdoppelung im Vergleich zu 1992, als der Schuldenstand noch 680 Milliarden Euro betrug. Um die laufenden Kosten zu decken, mussten Bund, Länder und Gemeinden verstärkt Kredite aufnehmen. Einnahmeausfälle wie z. B. das durch Toll-Collect verursachte Maut-Desaster verschärften die Situation.

Irgendwann jedoch muss jeder Kredit zurückgezahlt und bis zum Rückzahlungszeitpunkt müssen regelmäßig Zinsen bezahlt werden. Die Hoffnung, dass bis zum Tag der Fälligkeit genug Geld in die Kassen gekommen ist, hat sich bisher nur selten erfüllt. Die öffentlichen Einnahmen haben sich in der Regel während der Laufzeit der Kredite nicht so sehr erhöht, dass beim Rückzahlungstermin die Schulden getilgt werden konnten. Deshalb mussten immer wieder neue Darlehen aufgenommen werden, um die alten abzulösen. Leider reicht es für den laufenden Bedarf des Staatshaushaltes nicht aus, Altkredite durch neue Darlehen zu ersetzen. Um überhaupt noch Nettoeinnahmen zu erzielen, müssen zusätzliche Kredite aufgenommen werden und die wachsende Verschuldung zieht einen ständig steigenden Anteil der Zinslast am Gesamthaushalt des Staates nach sich. Irgendwann ist die Zinslast für den Schuldner so hoch, dass keine freien Mittel mehr für weitere Zinszahlungen oder gar für Rückzahlungen zur Verfügung stehen.

Glücklicherweise verfügen Staaten über langjährig erprobte Methoden, wie man in solchen Situationen verfährt. Normalerweise verläuft der marktwirtschaftliche Prozess der Geldbeschaffung und das heutige System der Arbeitsteilung wie folgt: Ein Produzent liefert eine Ware oder Dienstleistung, die er für Geld verkauft. Mit diesem eingenommenen Geld kauft er wiederum andere Güter oder Dienste, die er benötigt. Wenn wir einmal annehmen, die Märkte könnten sich ohne staatliche Einmischung in das Geldsystem entfalten, wäre die einzige Möglichkeit, wie man an Geld herankommt, folgender Ablauf: Produktion von Waren/Dienstleistungen – „Kauf" von Geld – „Verkauf" von Geld für andere Waren/Dienstleistungen. Verständlicherweise würde dieses Geldsystem vollständig zusammenbrechen, wenn jedermann anstatt Waren und Dienstleistungen zu produzieren sich direkt dem Gelddrucken widmen würde, um den zeitraubenden Produktionsprozess für die Geldgewinnung zu umgehen. Derjenige, der selbst Geld druckt und somit die Kette von der Produktion der Waren/Dienstleistungen über den „Kauf" (oder „Verdienst") des Geldes zum „Verkauf" (oder Konsum) durchbricht, kann Geld ausgeben, ohne irgendeine reelle Leistung zu erbringen. Er lebt dann auf Kosten derjenigen, die produzieren und verringert mit seinem selbst gemachten Geld den Wert des durch harte Arbeit verdienten Geldes.

Um solchen Missbrauch durch bequeme Zeitgenossen zu verhindern, haben die Staaten das Recht der Geldschaffung alleine für sich reserviert. Leider zwingt jedoch die harte Wirklichkeit die Staaten das zu tun, was sie ihren Bürgern verbieten: Geld zu drucken. Dies ist sicherlich ein Schock für alle diejenigen, die den Staat als Hüter des Geldes und gleichzeitig als Garantiegeber für allgemeinen Wohlstand ansehen. Geld zu drucken ist nun einmal eine einfachere und kostengünstigere Methode als Waren zu produzieren oder Dienstleistungen zu erbringen. Die Aufnahme von Darlehen durch den Staat ist nichts anderes als die Schaffung neuen Geldes und durch die steigende Staatsverschuldung wird das Geld der Menschen, die es durch Arbeit erworben haben, in seinem Wert gemindert.

Die Staaten verlassen sich darauf, dass die zunehmende öffentliche Verschuldung mit zunehmender Inflation gegenentwertet wird, dass also die Last der Schulden durch eine Verminderung des Geldwertes gesenkt wird. In den 53 Jahren ihres Bestehens verlor die Deutsche Mark (DM) laut Angaben des statistischen Bundesamtes ca. 75 Prozent an Wert. Der US-Dollar verlor in den letzten einhundert Jahren etwa 95 Prozent seiner Kaufkraft. Aufgrund der wirtschaftlichen Probleme betreiben die Notenbanken seit Jahren eine Politik des billigen Geldes und überschwemmen die Märkte mit Liquidität. Was als Rettung für die Wirtschaft gedacht ist, führt jedoch zwangsweise über kurz oder lang zur Inflation und damit zur Vermögensvernichtung.

Papiergeld hat noch niemals in der Geschichte der Menschheit seine Rolle als sicherer Wertspeicher erfüllen können. Solange verfügbare Geldmittel an echte, handgreifliche Werte wie Gold und Silber gebunden waren, konnten keine chronischen Haushaltsdefizite eingegangen werden. Sobald die Edelmetallbindung aufgehoben wurde, standen Tür und Tor für grenzenlose Verschuldung offen, indem die Regierungen Papiervermögen in Form von Staatsanleihen erzeugten. Dieses Papiervermögen akzeptierten die Banken als Sicherheit, gleichsam als Ersatz für das, was früher Einlagen in Gold und Silber waren. Dennoch wurde damit das Gesetz von Angebot und Nachfrage beim Geld nicht aufgehoben. Wenn das Angebot von Geld im Verhältnis zum Angebot von realen Gütern und Dienstleistungen steigt, müssen auch die Preise unweigerlich steigen. Ohne eine Bindung des Geldes an Gold oder Silber gibt es keine Möglichkeit, Ersparnisse vor der Enteignung durch Inflation zu schützen.

Staatsverschuldung ist somit nicht einfach nur ein Mechanismus zur Geldbeschaffung, sondern sie ist gleichzeitig eine versteckte Enteignung von Vermögen. Ein großer Vorteil dieser Methode liegt darin, dass sie relativ still und leise funktioniert. Wenn sich der Staat Geld über Steuererhöhungen beschafft, führt das fast immer zu Protesten und lautstark geführten Diskussionen. Die Geldschöpfung über Kredit funktioniert wesentlich diskreter und nicht weniger wirkungsvoll.

Dabei haben es die Staatslenker immer wieder verstanden, ihre Bürger (in früheren Zeiten ihre Untertanen) vom Nutzen des Papiergeldes zu überzeugen und von der Verwendung von echtem Gold- und Silbergeld abzuhalten. Wer Gold und Silber im täglichen Leben als Zahlungsmittel verwendete, wurde als rückständig und tollpatschig dargestellt. Der Trottel, der dem Papiergeld der Banken nicht traute, wurde lächerlich gemacht. Wenn diese psychologischen Mittel versagten, blieb immer noch die harte Tour, indem man die Besitzer von Gold und Silber als Verräter denunzierte oder schlicht und einfach den Besitz der Edelmetalle verbot – so wie 1933 während der großen Depression in den USA. Wer in der heutigen Zeit nicht Opfer der staatlichen Schuldenpolitik werden möchte und einen Teil seiner Ersparnisse in Sicherheit bringen will, nutzt die Eigenschaften des Silbers. Das edle Metall ist nicht nur ein Instrument zur Vermögensstreuung, sondern auch ein stabiles Wertaufbewahrungsmittel und eine preiswerte Versicherung gegen Inflation.

Kapitel 9
Die unsichtbare Hand

Wenn Metalle genauso leicht zu finden wären wie üblicherweise Wasser, würde jeder so viel davon nehmen wie er wollte und sie hätten keinen größeren Wert." Nicht erst in unseren Tagen, sondern schon in früheren Zeiten machte man sich Gedanken über den Wert von Gold und Silber. Bereits im Jahr 1755 erschien ein Aufsatz über die Natur des Handels, in welchem sich der Autor Richard Cantillon ausführliche Gedanken über den unterschiedlichen Wert von Edelmetallen machte (14).
Schon damals waren Kupfer, Silber und Gold die drei Metalle, die man als Zahlungsmittel benutzte. Kupfer kam häufiger vor und der Abbau kostete

weniger, daher hatte es nicht nur eine Geldfunktion, sondern es wurde zur Herstellung von Pfannen, Töpfen, Küchenutensilien und sonstigen Gebrauchsgegenständen verwendet. Im alten Rom war Kupfer so selten und wertvoll, dass es in den ersten Jahrhunderten ausschließlich als Zahlungsmittel eingesetzt wurde. Erst um das Jahr 500 v. Chr. kam Silber als Tausch- und Geldmittel in Gebrauch. Das Tausch-Verhältnis von Kupfer zu Silber lag damals bei ungefähr 70 zu 1 und schwankte im Lauf der Jahrhunderte nicht unerheblich. Unter dem Kaiser Nero musste man das Sechzigfache an Kupfer für einen Teil Silber auf den Tisch legen, zu Zeiten Konstantins (ca. 330 m. Chr.) war es sogar das 120fache.

Was für das Verhältnis von Silber und Kupfer gilt, trifft auch beim Vergleich von Gold und Silber zu. Beide Metalle haben einen inneren Wert, der nicht willkürlich festgelegt ist, sondern abhängt von der Häufigkeit ihres Vorkommen sowie dem Arbeitsaufwand und dem eingesetzten Kapital beim Abbau. Silber kam wesentlich häufiger vor als Gold und deshalb brauchte man schon immer mehr Silber, wenn man dafür Gold haben wollte. In vorchristlicher Zeit lag das Tauschverhältnis bei etwa 10 zu 1 und stieg nach und nach bis auf rund 14 zu 1 unter Kaiser Konstantin. Auch in späteren Zeiten des 17. und 18. Jahrhunderts lag das Verhältnis annähernd in dieser Größenordnung. In den Achtzigerjahren des 20. Jahrhunderts hatte das Verhältnis von Gold und Silber sehr große Schwankungen: während man Anfang 1980 für eine Unze Gold 16 Unzen Silber erhielt, waren es im Juni 1982 unglaubliche 58 Unzen. Die Kaufkraft von Gold hatte gegenüber dem Silber um mehr als das Dreifache zugenommen. Aber es war nicht die unsichtbare Hand des Marktes, die das Gleichgewicht bei dem Angebot und Nachfrage zusammenkommen, neu ausgerichtet hatte, sondern es waren rohe Kräfte von außen. Nachdem der Silberpreis von 1,30 Dollar im Jahr 1971 bis auf fast 50 Dollar im Jahr 1980 während der Hunt-Spekulation hochgeschossen war, wurde der Spuk durch „unkonventionelle“ Maßnahmen beendet, indem der Vorstand der Warenterminbörse in New York den Kauf von Silber verbot (s. Kap. „Das Tafelsilber“).

Dass die Kurse von Aktien, Rohstoffen und anderen Gütern manchmal sogar sehr stark schwanken, liegt normalerweise daran, dass Käufer und Verkäufer den Wert eines Gutes unterschiedlich einschätzen. Wenn ein Verkäufer eine Aktie zum Kurs von 100 verkaufen möchte, bringt er damit zum Ausdruck, dass er sie zu einem Kurs von 99 noch behalten würde und ihr somit einen Wert von maximal 99 beimisst (der Einfachheit halber bleiben wir bei ganzzahligen Werten). Wenn er die Aktie für 105 verkaufen kann, erzielt er einen Handelsgewinn von 6 Euro. Umgekehrt gilt das auch für einen Käufer. Wer eine Kauforder für 110 Euro abgibt, bringt damit zum Ausdruck, dass er der Aktie einen Wert von mindestens 111 Euro beimisst. Wenn er die Aktie dann zu 105 erhält, erzielt er ebenfalls einen Handelsvorteil von 6 Euro.

Entscheidend für einen Marktprozess ist daher, dass Käufer und Verkäufer über den Wert eines Gutes eine unterschiedliche Einschätzung haben. Diese Tatsache macht gleichzeitig deutlich, dass es in der Wirtschaft für Waren, Güter oder Dienstleistungen keinen objektiven Wertbegriff gibt. Oft werden Aktien oder Rohstoffe nur deshalb gekauft, um sie nach einer relativ kurzen Zeit wieder zu einem hoffentlich höheren Kurs zu verkaufen. Solche Transaktionen bezeichnet man als Spekulation. Ein Spekulant muss sich beim Erwerb eines Gutes also vor allem darüber Gedanken machen, wie dieses in der Zukunft von den anderen Marktteilnehmern beurteilt wird (15).

Der berühmte englische Nationalökonom John Maynard Keynes verglich die Spekulation mit einem Schönheitswettbewerb, bei dem man aus 100 Bildern die sechs schönsten Gesichter heraussuchen soll. Um zu gewinnen, muss die eigene Auswahl zu den Bildern gehören, die insgesamt am meisten genannt werden. Wer also mit Erfolg an einem solchen Wettbewerb teilnehmen möchte, darf sich nicht in erster Linie von seinen eigenen Schönheitsvorstellungen leiten lassen. Stattdessen muss er sich fragen, wie wohl die Schönheitsvorstellungen der anderen Teilnehmer sind. Das Gleiche gilt natürlich auch für alle anderen Teilnehmer, für die es nicht darum geht, diejenigen auszuwählen, die nach dem eigenen Urteil wirklich die hübschesten sind. Es geht vielmehr darum, das vorherzusehen, von dem die durchschnittliche Meinung erwartet, dass es die durchschnittliche Meinung ist. Dass solche Prozesse sehr problematisch sein können, liegt auf der Hand – vor allem wenn es um wirtschaftliche Entscheidungen geht.

Aus heutiger Sicht sprechen einige Anzeichen dafür, dass der Preis des Silbers durch Spekulationsprozesse wesentlich länger niedrig gehalten wurde, als es das Gesetz von Angebot und Nachfrage erwarten ließ. Ein wichtiger Indikator ist dabei die so genannte Dow/Gold-Ratio, das ist das Verhältnis des Index für die als „Wall Street" bezeichnete New Yorker Börse (Dow Jones) zum Goldpreis. Dieses Verhältnis spiegelt die unterschiedliche Gewichtung der Märkte im Verhältnis der „Papierwerte" (Aktien) zu den greifbaren Werten (Gold) wieder. Je größer der Wert ist, umso geringer wird das Edelmetall eingeschätzt. Man errechnet den Wert, indem man den aktuellen Stand des Dow Jones Index durch den aktuellen Stand der Goldpreisnotierung dividiert: Wenn z. B. der Schlusskurs des Dow Jones am 23.10. 2003 bei 9.600 Punkten stand und der Goldpreis bei 380 Dollar pro Unze, dann betrug die Dow/Gold-Ratio zu diesem Zeitpunkt exakt 25.

Innerhalb der letzten neunzig Jahre war dieses Verhältnis immer dann besonders hoch, wenn es Phasen der Aktieneuphorie gab. Anfang des 20. Jahrhunderts lag das Verhältnis bis Mitte der zwanziger Jahre bei rund 5. Kurz vor dem Crash 1929 stieg es fast bis auf 20 und fiel während der großen Depression wieder in den Bereich von 5. Ende der Sechzigerjahre stieg es wieder steil bis kurz vor 30, um dann Anfang der Achtziger fast im freien Fall auf unter 2 abzusacken. Ab 1990 schnellte der Wert raketenartig in die Höhe und erreichte um das Jahr 2000 Spitzenwerte von über 40. Das war die Zeit der gigantischen Aktienblase, als sich der Markt zur Geldmaschine entwickelt hatte und Gier das Publikum beherrschte. Um den sich zwangsweise anschließenden Abschwung zu verhindern, betrieben die Notenbanken mit aller Macht eine Politik des billigen Geldes und überschwemmten die Märkte mit Liquidität (Papiergeld). Bisher führte eine Papiergeldschwemme letztendlich immer zur Inflation und dann schlug regelmäßig die Stun-

de der Edelmetalle. Der Abschwung am Aktienmarkt wird vom Aufschwung von Gold und Silber begleitet.
Zwischenzeitlich ist Silber dabei, sich dem Gold auf dem Weg zu einer stärkeren Position gegenüber dem Dow-Jones anzuschließen. Als der Dow Jones im Jahr 2000 kurz vor 12.000 stand und Silber die 4-Dollar-Linie verteidigte, war die Dow/Silber-Ratio auf fast 3000:1 angestiegen. Mit dem Kursanstieg der Unze auf über 5 Dollar und dem Nachgeben des Dow Jones auf unter 10.000 hat Silber einen Platz unterhalb der 2000er-Marke und somit wichtigen Boden gewonnen. Trotzdem hat das weiße Metall noch ein riesiges Aufholpotenzial – sowohl im Hinblick auf das Verhältnis zum Dow Jones als auch zu Gold.
In spekulativen Extremsituationen wie der Hunt-Phase war Silber ganz besonders stark. Die Dow/Silber-Ratio lag im Januar 1980 bei 18, die Gold/Silber-Ratio lag bei 16! Ausgeprägte Schwächephasen hatte Silber im Verhältnis zum Dow kurz vor der großen Depression mit einem Wert von über 700 und wie bereits erwähnt im Jahr 2000. Im Vergleich zu Gold war Silber besonders schwach im Jahr 1939 mit einer Ratio von 100. Etwa der gleiche Wert konnte auch im Jahr 1991 errechnet werden. Danach erholte sich Silber bis Ende der Neunziger wieder auf bis zu 40, um schließlich Anfang des Jahres 2003 bei rund 80 zu liegen.
Auch wenn sich die Geschichte nicht immer in gleichen Mustern wiederholt, zeigt der augenblickliche Trend in die Richtung, in der sich das Verhältnis von Silber zu Gold in der Vergangenheit im langjährigen Durchschnitt bewegt hat. In alten Zeiten hatte eine Unze Gold den Wert von 15 Unzen Silber. Über die Jahre hinweg änderte sich das Verhältnis und seit dem zweiten Weltkrieg lag es bei ungefähr 1 : 35. Beide Metalle haben mit sehr hoher Wahrscheinlichkeit ihre bisher schlechtesten Zeiten mit der Jahrtausendwende hinter sich gebracht. Gold ist schon etwas früher in einen erkennbaren Aufwärtstrend eingeschwenkt, Silber folgte mit ein wenig Abstand. Die Dow/Gold-Ratio hatte sich im Oktober 2003 im Vergleich zum Jahr 2000 um 40 Prozent zugunsten des gelben Metalls verbessert. Mit dem

Durchbrechen der 5-Dollar-Marke hatte auch Silber ein deutliches Aufwärtssignal gesendet.

Alleine das Aufholpotenzial eines Anpassungsprozesses an das langjährige Silber/Gold-Verhältnis gibt dem weißen Metall Aussichten auf eine Kursverdoppelung. Silber hat ebenso wie Gold die Eigenschaft, inflationäre Entwicklungen anzukündigen. Zusätzlich wird Silber durch seine vielseitige industrielle Einsatzfähigkeit in weitaus stärkerem Maße von einer wirtschaftlichen Erholung in den klassischen Industrieländern und von den Märkten in Asien profitieren. Silber ist somit nicht nur ein Absicherungsinstrument gegen einen massiven Dollarsturz und gegen Inflation, sondern ein begehrter Rohstoff, der über kurz oder lang von der Hand des Marktes nach oben geführt wird und sein Verhältnis zu Aktien und Gold stark verbessert.

Kapitel 10
Die dunkle Seite

Der New Yorker Generalstaatsanwalt Eliot Spitzer hatte alle Hände voll zu tun, denn die Skandallawine, die das Vertrauen der Anleger in den letzten Jahren erschüttert hatte, rollte noch immer. Erst wühlte Spitzer im Sumpf der Wall Street und brachte handfeste Analystenskandale ans Tageslicht, dann taten sich im Herbst 2003 bei der bislang als grundsolide geltenden US-Fondsbranche tiefste Abgründe auf. Der Hedge-Fund Canary Capital Partners und zusammen mit diesem eine ganze Gruppe von anderen Investmentfonds hatte sich hinterrücks auf Kosten von Kleinanlegern die Taschen gefüllt. Branchenriesen wie Fidelity, Janus, Bank One, Morgan Stanley und Pruden-

tial waren allesamt in den Verdacht geraten, Hedge-Funds illegale Sonderkonditionen im Handel mit ihren Anteilscheinen eingeräumt zu haben.
Die illegalen Geschäfte liefen zum Teil nach einem sehr einfachen, aber wirkungsvollen Muster ab. Die meisten traditionellen Investmentfonds werden während einer Börsensitzung nicht laufend gehandelt. Der Anteilspreis errechnet sich aus dem Nettoinventarwert des Fonds (Gesamtwert aller im Fonds enthaltenen Wertpapiere) zum Handelsschluss des Börsentages um 16 Uhr New Yorker Zeit. Transaktionen nach 16 Uhr werden erst am nächsten Tag und zum Nettoinventarwert des nächsten Tages abgerechnet – so schreibt es die Regel vor. Doch wo es Regeln gibt, gibt es auch Ausnahmen – zumindest unter Freunden. Dank besonders guter Beziehungen zu der Bank of America konnte der Canary-Fonds auch nach Kassenschluss Geschäfte zum jeweiligen Tagesschlusskurs verbuchen. Dieses so genannte „Late-Trading“ war dann besonders vorteilhaft, wenn nach Börsenschluss kursrelevante Neuigkeiten bekannt wurden und Canary noch schnell aktiv werden konnte, bevor diese Informationen am nächsten Börsentag ihren Niederschlag in den Kursen fanden. Dies ist zwar laut den US-Gesetzen streng verboten, aber es hat noch nie jemanden davon abgehalten, es trotzdem zu tun (16).
Eine weitere Sonderbehandlung der Großinvestoren bestand darin, dass die Investmentgesellschaften ihren Kollegen von den Hedge-Funds erlaubten, häufig aus den Publikumsfonds ein- und auszusteigen und damit kurzfristig Gewinne mitzunehmen. Wenn beispielsweise nach Börsenschluss in Asien und Europa die Kurse an der Wall Street steigen, ist es oft zu diesem Zeitpunkt schon absehbar, dass europäische Aktien am nächsten Tag freundlich eröffnen werden. Da kann es sich lohnen, rasch noch internationale Fonds-Anteile zu erwerben, um von den am nächsten Tag erwarteten Kursgewinnen an den internationalen Börsen zu profitieren. Wenn der kurzfristige Gewinn erzielt ist, stößt man die Anteile schnell wieder ab. Mit solchen so genannten „Market Timing Strategien“ lässt sich auf Kosten des breiten Anlegerpublikums eine attraktive Rendite erzielen. Die Georgia

State University hat errechnet, dass man mit diesen Methoden in den vergangenen 5 Jahren eine Rendite von 34 Prozent erwirtschaften konnte – fast dreimal so viel wie mit einer Kaufen-und-Halten-Strategie (17). Als „Dankeschön" legten die Hedge-Funds große Beträge in anderen Fonds der entsprechenden Gesellschaft an. Die Fondsgesellschaften profitierten von den Zuflüssen der Spekulanten, da sie das Fondsvolumen erhöhten und die Einnahmen aus den Verwaltungsvergütungen steigerten. Die Geprellten waren die Kleinanleger, denn die Profite der Hedge-Funds mussten aus der Substanz der Publikumsfonds gezahlt werden. Das schmälerte spürbar die Rendite der Langfristinvestoren.

Eliot Spitzer hat mit seinen Nachforschungen in ein Wespennest gestochen und ist nun dabei, in der Fondsindustrie aufzuräumen. Möglicherweise wartet noch eine Herkulesarbeit auf den fleißigen Generalstaatsanwalt. Im September 2003 schrieb der bekannte Silberexperte Theodore Butler von der Firma Butler Research einen Brief an Spitzer, um ihn auf eine hochexplosive Situation im Silbermarkt hinzuweisen. Butler legte dar, dass die COMEX – die New Yorker Warenterminbörse – seit über zwanzig Jahren in Zusammenarbeit mit ein paar wenigen großen Händlern und Finanzunternehmen den Silberpreis manipulierte. Auch diese Vorgänge liefen gemäß Butlers Ausführungen nach einem einfachen und effektiven Schema ab. Immer wenn seit 1983 an der COMEX (Commodity Exchange) in entsprechender Menge Silber gekauft wurde, dass eigentlich die Kurse hätten steigen müssen, haben die Manipulatoren mit Leerverkäufen, auch „Short Selling" genannt, den Preis des Silbers niedergedrückt. Dieses Short Selling ist eine typische Strategie der professionellen Händler, gegen die Privatanleger so gut wie immer den Kürzeren ziehen.

Die Leerverkäufe funktionieren so, dass man etwas verkauft, das man gar nicht besitzt – zum Beispiel Silber. Der Verkaufsvorgang läuft z. B. so ab, dass sich ein Großinvestor von der COMEX für einen bestimmten Zeitraum gegen eine Gebühr das Silber leiht. Dieses geliehene Silber verkauft er dann in der Erwartung oder Hoffnung, dass der Silberpreis während des Ausleihezeitraumes fällt. Vor Ablauf der Ausleihefrist kauft er dann das Silber zu einem niedrigeren Kurs und gibt es der Bank zurück. Nach Abzug der Leihgebühr hat man einen Gewinn erwirtschaftet. Diese Art von Geschäften ist natürlich sehr riskant, denn sollte der Silberpreis während des Ausleihezeitraums nicht wie erwartet fallen, sondern steigen, muss man schleunigst seine Position schließen und versuchen, mit möglichst wenig Verlust auszusteigen. Um sicher zu gehen, dass der Silberpreis nicht steigt, muss immer ein wenig mehr Silber angeboten werden, als nachgefragt wird. Daher sind bei diesen Geschäften immer riesige Geldsummen im Spiel. Zusätzlich verleiht die COMEX an die Großinvestoren mehr Silber, als sie tatsächlich in ihren Lagerhäusern hat und sorgt dafür, dass das Silberangebot nie versiegt. Dies ist deshalb möglich, weil ein Großteil der Silbergeschäfte nur auf dem Papier abgewickelt werden und viele gekaufte Silberkontrakte nicht physisch ausgeliefert werden.

Butler stützte seine Manipulations-Behauptung auf die Tatsache, dass die Summe aller Short-Positionen auf Silber bei der COMEX im September 2003 bei über 900 Millionen Unzen lag. Demgegenüber steht eine jährliche Gesamtsilberproduktion von weniger als 600 Millionen Unzen und ein weltweiter Lagerbestand an Silber von unter 150 Millionen Unzen. Bei zunehmendem Silberbedarf und steigendem Angebotsdefizit konnte der echte Bedarf an physischem Silber nur aus zusätzlichen Reserven ausländischer Notenbanken, insbesondere der Philippinen und Chinas, gedeckt werden. Im Kapitel „Angebot und Nachfrage“ wurde das seit Jahren bestehende Angebotsdefizit aufgezeigt. In einem freien Markt ist es normalerweise unmöglich, dass ein Rohstoffdefizit ohne stark steigende Preise vorkommt. Dies ist nach Meinung von Butler nur deshalb möglich, weil nahezu alle Lagerbestände aufgebraucht wurden und weil die verantwortlichen Manager der COMEX den Silberspekulanten bei ihren Geschäften halfen. Butler geht davon aus, dass eher früher als später diese brisante Situation zu einem drastischen Preisanstieg bei Silber führen wird. Seine Sorge ist es, dass sich dann die Geschichte wiederholen könnte. Als der Silberpreis 1980 aus ganz anderen Gründen in die Höhe schoss, stellte sich die COMEX auf die Seite der Short-Positionen. Sie bewahrte die Spekulanten mit der Änderung der Handelsregeln zu deren Gunsten davor, dass sie mit ihren dunklen Geschäften bankrott gingen.

Butler verwies auf seine eigenen Anfragen an die COMEX, in denen er um Auskunft gebeten hatte, wie die New Yorker Warenterminbörse das Problem der niedrigen Lagerbestände lösen wollte in dem Fall, dass die Käufer der im voraus von den Spekulanten verkauften Silberkontrakte tatsächlich auf der physischen Auslieferung der Ware bestünden. Die COMEX hatte geantwortet, dass sie keine Probleme sähe (18). Butler bat daher den Generalstaatsanwalt Eliot Spitzer, sich um die Angelegenheit zu kümmern und sämtliche Ansätze zu verfolgen, die darauf hindeuteten, dass die COMEX ihr altes Spiel wiederholen könnte. Sicherlich ist es aufgrund der zunehmenden Aufmerksamkeit und Sensibilität der Öffentlichkeit heute nicht mehr ganz so einfach, die Regeln über Nacht zu manipulieren. Als vorbeugende Maßnahme hat der Silberexperte Russell Townsend eine Petition gestartet. Per Internet haben schon viele private Silberinvestoren ihre Stimme an den Generalstaatsanwalt gerichtet und ihn um Unterstützung gebeten, falls die COMEX per „Notstandsgesetzgebung“ die Spielregeln manipulieren sollte (19).

Zum Glück gibt es heute einen wesentlichen Unterschied zur Silbermanipulation von 1980. Damals stieg der Silberpreis bei hohen Lagerbeständen und konnte deshalb leicht nach unten gedrückt werden. Heute ist Silber bei fast erschöpften Vorräten auf langjährigen Tiefkursen. Der Augenblick, wann die Leerverkäufer Farbe bekennen müssen, dürfte nicht mehr sehr weit entfernt sein. Niemand kennt den genauen Zeitpunkt des Preisanstiegs und die Höhe der zukünftigen Notierungen. Sobald jedoch das Silberdefizit physisch spürbar wird, wird kein Preis zu hoch sein für diejenigen, die das Metall für ihr operatives Geschäft brauchen. Und sie werden diesen Preis an diejenigen zahlen, die ihnen das Silber liefern können.

Kapitel 11
In der Ruhe liegt die Kraft

Ein erfolgreicher Anleger muss gelegentlich einfach ruhig bleiben können." Das sagte Warren Buffet, der legendäre Chef der Investmentholding Berkshire Hathaway, in einem Interview zu einem Zeitpunkt, als das Gros der Anleger an die Börsen stürmte, um einen möglichen Aufschwung nicht zu verpassen (20).

Allerdings war dies nicht im Jahr 1999, sondern im Herbst 2003. Buffett saß auf 24 Milliarden Dollar Barmitteln und hätte sie gerne in den amerikanischen Aktienmarkt investiert, wenn sich gute Gelegenheiten geboten hätten. Aber er hielt sein Pulver trocken. Auch von Anleihen ließ er die Finger.

Sicher hätte er mehr aus seinem Investmentportfolio herausholen können, wenn er die Barmittel in länger laufende Anleihen umgeschichtet hätte, aber der zusätzliche Gewinn wog seiner Meinung nach das Risiko nicht auf. Buffet, der bekanntlich ein Großinvestor in Silber ist, warnte zur gleichen Zeit in einem Interview mit dem US-Magazin Fortune: „Unser Land benimmt sich wie eine außergewöhlich reiche Familie, die eine riesige Farm besitzt. Um 4 Prozent mehr zu verkonsumieren als wir selbst produzieren – das ist unser Handelsdefizit – haben wir Tag für Tag ein Stück unseres Grund und Bodens verkauft und gleichzeitig die Hypothek aufgestockt, auf dem, was wir noch besitzen (21)."

Die US-Bürger und der amerikanische Staat stürzten sich in immer größere Schulden, um ihre Gewohnheiten und das bestehende System aufrecht zu erhalten. Die Notenbank musste gleichzeitig an zwei verschiedenen Fronten kämpfen. Auf der einen Seite stand das gesamte Finanzsystem auf der Kippe und es musste ständig neue Liquidität hineingepumpt werden, um es kurzfristig vor dem Kollaps zu bewahren. An der anderen Front lief ein erbitterter Kampf um das Geld der Anleger, die davon abgehalten werden sollten, ihre Ressourcen aus Aktien und Anleihen abzuziehen und es stattdessen in alternative Investments wie Silber, Gold und Rohstoffe zu investieren.

Die Wall Street hatte nie besonderes Interesse daran, dass Silber, Gold und andere Edelmetalle im Preis stiegen, denn sowohl für Notenbanker als auch für Investmentbanker dient der Anstieg der Gold- und Silberkurse als Barometer für das Misstrauen der Anleger in Papierwerte. Die Notenbank betreibt das Geschäft des Papiergeld-Druckens, die Wall-Street betreibt das Geschäft des Papiergeld-Verkaufens. Beide fürchten einen Vertrauensverlust in Papierwerte. Hinzu kommt, dass der gesamte Edelmetall-Markt ein sehr enger Bereich ist, in dem die Investmentbranche wenig Platz sieht, sich Gewinn bringend auszudehnen. Die gesamte Marktkapitalisierung aller Edelmetallaktien dürfte die 100 Milliarden-Marke nicht überschreiten – das ist nicht einmal so viel wie Microsoft auf die Waage bringt – viel zu wenig also, um sich lange damit aufzuhalten. Die Märkte in den physischen Me-

tallen Gold und Silber sind noch kleiner. Umso heftiger wird auf dem Feld der Derivate gekämpft.
Ursprünglich wurden Derivate als Absicherungsinstrumente genutzt, zum Beispiel wenn ein Landwirt im Frühjahr das Recht erkaufte, im Herbst seine Ernte zu einem bestimmten Preis zu verkaufen. Dadurch sichert er sich gegen einen möglichen Preisverfall seiner Produkte in der Zukunft ab. Diese so genannten Warentermingeschäfte haben sich auch auf den Rohstoffmärkten und bei Edelmetallen etabliert und werden an den Terminbörsen gehandelt. Die mit Abstand bedeutendste Börse ist die COMEX (Commodity Exchange) in New York. Die Händler an diesem Markt werden in zwei Gruppen eingeteilt: die Commercials und die Non-Commercials. Die Commercials haben keine offene Positionen, d.h. ihre Lieferverpflichtungen für die Termingeschäfte sind durch physische Silberbestände gesichert oder durch die geplante Silberproduktion der Minen.
Die Non-Commercials hingegen spekulieren ganz offen auf einen steigenden oder fallenden Silbermarkt. Sie gehen beispielsweise Lieferverpflichtungen für Silber ein, ohne die hierfür erforderliche Ware zu besitzen (s. Kap. Das Tafelsilber). Wenn einer oder mehrere dieser Marktteilnehmer auf steigende oder fallende Silberpreise gesetzt haben und das Metall in die andere Richtung marschiert, sind sie gezwungen, schnell ihre Positionen einzudecken, um größere Verluste zu vermeiden. Zu den Non-Commercials zählen auch typischerweise die Hedge-Fonds, deren Positionen in den Edelmetallmärkten nicht durch entsprechende Bestände gedeckt sind. Solche Händler reagieren schnell auf kleine Preisänderungen und verursachen mit ihren Anlageentscheidungen entsprechende Preisausschläge am Silbermarkt.
Wenn es so wäre – wie einige Kritiker vermuten, dass starke Kräfte wie die amerikanische Notenbank und die Investmentbranche versuchten, über Derivate und Leerverkäufe den Silberpreis über viele Jahre künstlich niedrig zu halten, könnte man sich aus heutiger Sicht darüber freuen. Denn aufgrund des schon seit langem bestehenden Angebotsdefizits in der Primärproduktion von Silber ist es nur eine Frage der Zeit, bis wann die Nachfrage

so stark sein wird, dass die riesigen Short-Positionen der Händler mit physischen Lieferungen gedeckt werden müssen. Den an der COMEX gehaltenen Silberbeständen stehen kurzfristige Lieferverpflichtungen in weitaus größerem Umfang entgegen. Würden also die Anleger, die „long" sind, das sind diejenigen, die auf einen steigenden Silberpreis spekulieren, eine physische Lieferung des Silbers verlangen, müssten über Nacht große Mengen beigebracht werden, damit die Verpflichtungen eingehalten werden können. Die Folge wäre ein abrupter Preisanstieg des Edelmetalls und der Silberminenaktien.
Solange die Angebots- und Nachfragesituation ihre Gegenkraft zu den ungedeckten COMEX-Positionen noch nicht voll entfaltet hat, bietet sich die beste Gelegenheit, in den Silbermarkt einzusteigen. Die größten Gewinne werden gemacht, bevor die breite Masse in einen Markt einsteigt. Dies war auch im letzten Bullenmarkt bei den Aktien der Fall. Die meisten Anleger warteten, bis der Trend für jeden Laien klar und deutlich ersichtlich war und investierten erst in der dritten und letzten Phase des Bullenmarktes ab 1995. In der ersten Phase erkennen nur Insider und gut informierte Anleger den Trend. Sie steigen früh ein und halten ihre Positionen. In der zweiten Phase wird der Trend auch von institutionellen Anlegern zur Kenntnis genommen und sie ziehen nach. Dadurch kann es schon zu ersten Überbewertungen kommen.
Wenn der Boom nicht mehr zu übersehen ist, können in sehr kurzer Zeit große Gewinne gemacht werden, aber die Gefahr eines schnellen Endes wird von den Späteinsteigern meist nicht wahrgenommen. In der dritten und letzten Phase entfaltet der Trend seine volle Kraft und die breite Öffentlichkeit springt auf den mit Volldampf fahrenden Zug auf. Dann werden von den Früheinsteigern die größten Gewinne erzielt, wie es am Ende der Neunzigerjahre bei den Aktien geschah. Natürlich ist es nicht einfach, die genauen Trendphasen zu erkennen und voneinander abzugrenzen. Eine Besonderheit bei den Edelmetallen macht ein exaktes Market-Timing allerdings noch schwieriger als bei Aktien. Der Silbermarkt hat nämlich die Eigenschaft, völlig unerwartet nach oben auszubrechen.

Silber bleibt so lange unten, bis fast jeder aufgegeben hat und dann steigt der Preis sehr schnell. Es ist schon oft so gewesen (1967, 1973 – 74, 1979 – 80, 1982 – 83, 1987) und es wird vielleicht wieder so sein. 1986 und 1987 schien der Silberpreis zwischen 5,00 Dollar und 5,40 Dollar festgeklemmt zu sein. Im März und April 1987 schossen die Kurse schnell auf 11 Dollar.
Wer damals keine Silberbarren, -münzen und -aktien besaß, für den war alles zu spät. Einen ersten Vorgeschmack auf solche Preisexplosionen konnten Silberinvestoren im Januar 2004 bekommen. Innerhalb von zwei Wochen durchbrach Silber schmerzlos die 6-Dollar-Marke und schoß raketenartig auf über 6,75 Dollar, nachdem es vorher viele Jahre unter 5 Dollar festzementiert war.
Warren Buffet erkannte bereits 1997 das zwingende und grundlegende Argument, dass der Silberpreis irgendwann sehr stark steigen würde. Er wollte 2 Prozent des 30 Milliarden Dollar schweren Berkshire Hathaway Fonds am Silbermarkt investieren. Als er herausfand, dass das geplante Investitionsvolumen von 600 Millionen US-Dollar nahezu der Kapitalisierung der gesamten US-Silberindustrie entsprach, kaufte er stattdessen 130 Millionen Unzen Silber (22). Seither blieb er auch bei Silber seinem Motto treu: „Ein erfolgreicher Anleger muss gelegentlich einfach ruhig bleiben können.“

Kapitel 12
Mit dem Hebel in der Hand

Mit wenig Einsatz einen hohen Gewinn einfahren – das ist der Wunschtraum vieler Anleger und das ist mit ein Grund, weshalb sich Derivate ständig wachsender Beliebtheit erfreuen.

Alleine in den ersten neun Monaten des Jahres 2003 sind an den internationalen Terminbörsen die weltweiten Umsätze mit Derivaten um fast 40 Prozent in die Höhe geschossen. Kein Wunder: Wo man mit verhältnismäßig geringem Kapitaleinsatz schnelles Geld verdienen kann, da tummeln sich nicht nur Profis, sondern auch Privatanleger wollen und dürfen mitspielen. Besonders starkes Wachstum konnten nach Angaben der Bank für Interna-

tionalen Zahlungsausgleich (BIZ) die Märkte für Futures und Optionen verzeichnen. Große Gewinne mit kleinem Einsatz – wie ist das möglich?
Ein wesentliches Merkmal derivativer Instrumente ist die Tatsache, dass das eingesetzte Kapital im Verhältnis zu den Beträgen, die man beim Kauf von Aktien, Rohstoffen oder Edelmetallen investieren müsste, relativ klein ist. Durch den Einsatz von wenig Kapital können große Beträge kontrolliert werden. Dieser Effekt wird als Hebeleffekt bezeichnet. Die Preisschwankungen der Derivate sind deshalb prozentual zum investierten Kapital wesentlich größer als die Preisschwankungen im so genannten Basiswert, wodurch fast unbegrenzte Gewinnmöglichkeiten gegeben sind.
Das ist z.B. bei den so genannten Futures der Fall. Futures sind standardisierte Terminverträge zwischen zwei Parteien. Sie beinhalten die Verpflichtung, ein bestimmtes Gut – nämlich den Basiswert (das kann z.B. Silber sein oder eine Aktie) – in einer festgelegten Menge/Kontraktgröße zu einem festgelegten Zeitpunkt zu liefern oder zu kaufen. Vertragsabschluss und Vertragserfüllung sind also zeitlich getrennt: Die Preisfeststellung erfolgt bereits zum Zeitpunkt des Vertragsabschlusses, die Erfüllung/Bezahlung erfolgt erst bei Fälligkeit durch Lieferung oder Barausgleich.
Diese Art von Verträgen ist für beide Seiten absolut bindend. Um zu gewährleisten, dass Käufer und Verkäufer in der Lage sind, ihre Verpflichtungen einzuhalten, werden an den Terminbörsen von den Marktteilnehmern Sicherheitsleistungen (Margins) gefordert. Wenn ein Anleger eine Order an der Terminbörse gibt, zahlt er nicht den gesamten Preis für die Lieferung, sondern nur eine Gebühr für den Geschäftsabschluss. Die gekauften Kontrakte werden in sein Depot übertragen und gleichzeitig wird die Sicherheitsleistung von seinem Konto abgebucht. Sie beträgt einen gewissen Prozentsatz des getätigten Geschäftsvolumens.
Ein Beispiel: Angenommen, am heutigen Tag stünde der Silberpreis bei 5,00 Dollar pro Unze. Ein Anleger spekuliert auf steigende Silberkurse und kauft heute 10.000 Unzen Silber zu 5,00 Dollar mit Liefertermin in 3 Monaten, dann verpflichtet er sich heute, diese Menge zum jetzt festgelegten Preis in

3 Monaten abzunehmen. Er zahlt zunächst die Gebühren von 5.000 Dollar und muss außerdem eine Margin von 5.000 Dollar hinterlegen, macht insgesamt 10.000 Dollar. Mit diesem Kapitaleinsatz von 10.000 Dollar kontrolliert er 10.000 Unzen Silber, die im Augenblick des Geschäftsabschlusses einen Marktwert von 50.000 Dollar besitzen. Er „hebelt" mit seinem Kapitaleinsatz das fünffache Volumen.

Wenn am Tag nach dem Kauf der Silberpreis auf 5,10 Dollar steigt, wird zum ersten Mal der fortan fällige Gewinn- und Verlustausgleich vorgenommen. Der Käufer hat an diesem Tag 10.000 Unzen im Depot, die nicht mehr 5 Dollar wert sind, sondern 5,10 Dollar und bekommt daher 1.000 Dollar auf sein Margin-Konto gutgeschrieben. Er hat somit an einem Tag einen Gewinn von 1.000 Dollar gemacht, das sind sage und schreibe 10 Prozent auf das eingesetzte Kapital. Hätte der Anleger anstelle des Futures direkt in Silber investiert, hätte er für 10.000 Unzen 50.000 Dollar ausgeben müssen und hätte ebenfalls am Tag nach dem Kauf 1.000 Dollar gewonnen. Das ist absolut gesehen der gleiche Gewinn, bezogen auf das eingesetzte Kapital sind es jedoch „nur" 2 Prozent .

Sinkt am darauf folgenden Tag der Silberkurs wieder auf 5,00 Dollar, so wird die Gutschrift wieder zurückgeholt. Wenn dann wieder einen Tag später der Silberpreis auf 4,90 Dollar sinkt, muss der Tagesverlust von 1.000 Dollar durch Verrechnung mit dem Margin-Konto ausgeglichen werden. So geht das bis zur Fälligkeit des Futures jeden Tag weiter. Der Marktteilnehmer muss stets dafür sorgen, dass auf seinem Konto mindestens der anfänglich eingezahlte Sicherheitsbetrag vorhanden ist. Bei Unterdeckung ruft ihn die Bank an (Margin Call) und fordert ihn auf, bis zum nächsten Börsentag den Differenzbetrag auszugleichen.

Kann der Investor sein Konto nicht auffüllen, hat die Bank das Recht, die Position am nächsten Tag zu verkaufen (glattzustellen) und der Kunde muss sich mit dem begnügen, was von der Transaktion übrig geblieben ist. Würde der Silberpreis auf 4,50 Dollar sinken, müsste der Anleger bereits 5.000 Dollar nachschießen, damit er im Rennen bleiben kann. Die Verlustrechnung sieht dann wie folgt aus: Der Anleger hat 10.000 Unzen à 4,50 Dollar im Depot, das sind 5.000 Dollar weniger als am Kauftag – ein Verlust von 10 Prozent. Bezogen auf das eingesetzte Kapital von 10.000 Dollar errechnet sich jedoch ein 50-Prozent-Verlust!

Es kann jedoch noch schlimmer kommen! Denn so wie die Gewinnchancen bei steigenden Kursen unbegrenzt sind, gibt es auch für Verluste kein Limit. Allerdings werden nur die wenigsten Futures-Positionen bis zum Fälligkeitsdatum gehalten. Die Mehrzahl der Kontrakte wird vielmehr vor Fälligkeit glattgestellt. Im Falle einer Preissteigerung kann der Käufer des Kontraktes den Gewinn einfach durch den Verkauf des Kontraktes realisieren, bei sinkenden Kursen können so ebenfalls Verluste begrenzt werden. Diese Glattstellung mittels eines entsprechenden Gegengeschäftes befreit die Geschäftspartner von den eingegangenen Verpflichtungen.

Üblicherweise bewegen sich auf diesem Terrain nur sehr wenige Privatanleger. Die großen Player auf diesem Gebiet sind institutionelle Anleger und Hedge Funds, die dieses Spiel mit millionenschweren Einsätzen bei sinkenden oder stagnierenden Aktienmärkten gerne spielen. Gerade die in den letzten Jahren stark in den Mittelpunkt des Interesses gerückten Hedge Funds müssen tief in die Trickkiste der Derivate greifen, um ihrem selbst gesteckten Anspruch der absoluten Renditen gerecht werden zu können. Im wörtlichen Sinne bedeutet der englische Begriff „Hedge“ eine Absicherung einer Investition vor Risiken wie ein Börseneinbruch, negative Wechselkursveränderungen oder ungewollte Zinsänderungen. Damit haben Hedge Funds allerdings nicht mehr viel zu tun. Ihr Ziel ist es, auch in negativen Marktphasen weitgehend unabhängig von Aktien- oder Rentenindizes hohe Renditen zu erzielen.

Traditionelle Investmentfonds haben oft einen Index (etwa den DAX) als Renditereferenz. Sie haben ihre Aufgabe erfüllt, wenn dieser Index übertroffen wird. Der traditionelle Fondsmanager hat seine Sache gut gemacht, wenn z.B. der DAX 20 Prozent verloren hat und der von ihm betreute Fond nur 15 Prozent im Minus liegt. Dieses Anlageergebnis macht natürlich einen Investor trotzdem nicht sehr glücklich. Im Gegensatz dazu zielen Hedge Funds unabhängig vom Marktumfeld auf absolute, positive Renditen ab. Um ihr Ziel zu erreichen, entwickeln sie unterschiedliche Anlagestrategien und verwenden dabei fast immer Derivate. Bei einigen Strategien kommt auch Fremdkapital zum Einsatz, was zu noch größeren Hebelwirkungen führt.

Man stelle sich das oben aufgeführte Rechenbeispiel mit Fremdkapital vor: Der Investor nimmt ein Darlehen in Höhe von 10.000 Dollar auf und kontrolliert Silber im Wert von 50.000 Dollar. Er zahlt für das Darlehen 500 Dollar Zinsen. Bei einem Kursanstieg von 5,00 Dollar auf 5,10 Dollar pro Unze macht er einen Gewinn von 1.000 Dollar – das sind üppige 100 Prozent bezogen auf das eingesetzte Eigenkapital von 500 Dollar. Anders sieht die Sache natürlich bei Kursverlusten aus: Dann führen kreditfinanzierte Engagements dieser Art schnell in den Ruin.

Kapitel 13
No risk, no fun

Wir waren alle geil darauf, Geld zu machen, Geld, Geld und nochmals Geld.“ Das sagte Nicolas Leeson , ein Angestellter der ältesten britischen Handelsbank, zwei Jahre bevor er seinen Arbeitgeber mit riskanten Spekulationen in den Bankrott trieb. Leeson hatte bei riskanten Termingeschäften in Singapur auf einen steigenden Nikkei-Index spekuliert. Als ein verheerendes Erdbeben die japanische Industriestadt Kobe zerstörte, brach der Index ein. Einige Tage noch gelang es Leeson, die Verluste auf seinem Geheimkonto zu verstecken. Als er aufflog, war es zu spät. Der Gesamtverlust von 1,4 Milliarden Dollar brach der Barings-Bank das Genick.

Leeson setzte sich von seinem Arbeitsplatz in Singapur nach Borneo und von dort nach Deutschland ab. Vorher hatte er noch ein letztes Fax an seine Vorgesetzten in London geschickt mit der „aufrichtigen Entschuldigung für die Umstände, die Sie jetzt in Singapur antreffen werden". Nicht nur bei Barings, sondern in der ganzen Finanzwelt wunderte man sich, dass das Derivategeschäft die konservative Bank zu Fall gebracht hatte. Nach seiner Verurteilung erhielt der Star-Trader eine Freiheitsstrafe von 6 Jahren, wurde jedoch nach knapp 4 Jahren wieder aus dem Gefängnis entlassen und verdiente später Geld mit Vorträgen, für die er mit jeweils 100.000 Dollar entlohnt wurde. Mit diesen Einnahmen trug er seine Schulden ab (23).

Die Barings-Bank musste Bankrott erklären, weil sie die enormen Summen, die als Sicherheiten für die von Leeson in ihrem Namen getätigten Derivate-Transaktionen gefordert wurden, nicht mehr aufbringen konnte. Das Tragische daran ist, dass Derivate ursprünglich entwickelt wurden, um Risiken zu vermeiden und Geschäfte sicherer zu machen. Banken und Unternehmen, die umgangreiche Auslandsgeschäfte tätigen, können sich mit Derivaten gegen Wechselkursschwankungen absichern, damit beispielsweise Unternehmensgewinne nicht durch Kursverluste in Fremdwährungen aufgezehrt werden. Diese Instrumente können den Firmen und Finanzinstituten Sicherheit und Stabilität verleihen, da mit ihnen Risiken gestreut und minimiert werden. Unternehmen gleichen mit Derivateprodukten nicht nur Währungs-, sondern auch Zins- und Preisschwankungen aus. Unter Fluggesellschaften ist es zum Beispiel üblich, sich für lange Zeit im Voraus stabile Treibstoffpreise garantieren zu lassen. Wetterabhängige Branchen wälzen die Risiken von Wetterumschwüngen über spezielle Wetterderivate ab. So ließen sich Münchner Oktoberfestwirte von der französischen Société Générale für jeden verregneten Tag eine Entschädigung garantieren. Ähnlich federn kommunale Elektrizitätswerke im Winter steigende Preise der Stromversorger ab.

Das inzwischen schon klassische Beispiel der Barings-Bank zeigt jedoch auch, dass von Derivaten nicht unerhebliche Risiken ausgehen können. Absicherungsgeschäfte funktionieren nämlich immer nur dann, wenn jemand bereit ist, ein bestimmtes Risiko zu übernehmen und wenn er dazu auch in der Lage ist. Die finanziellen Risiken, die eine Bank oder ein Unternehmen tragen kann, sind allerdings immer begrenzt, ganz gleich, wie hoch die Kapitaldecke auch ist. Viele Banken und Hegde-Fonds nutzen mittlerweile die Derivate weit über ihre Schutzfunktion hinaus – sie verwandeln sie in Instrumente, um spekulative Gewinne mit Kreditrisiken oder im Währungspoker zu erwirtschaften. „Mit Derivaten lässt sich locker das Zwanzigfache des eingesetzten Kapitals vernichten", warnte Professor Locarek-Junge, Professor für Finanzwirtschaft an der Technischen Universität Dresden. Ihr Wert kann blitzartig steigen oder fallen. Selbst ein kleines Derivateportfolio kann – wenn es falsch konstruiert ist – einen hohen Schaden verursachen und ein Unternehmen in den Ruin reißen (24).

Der ursprüngliche Gedanke, über Derivate Risiken abzufangen und Stabilität in die Märkte zu bringen, spielt im heutigen Derivategeschäft nur noch eine nebengeordnete Rolle. Die Hauptrolle spielt der Handel an sich. Der Derivatehandel hat sich verselbständigt und ist zum Spekulationsmechanismus geworden. Der Bezug zur realen Wirtschaft, zu realen Import- und Exportgeschäften ist weitgehend verloren gegangen. Leeson sagte später: „Das ganze Geld, mit dem wir handelten, war unwirklich: abstrakte Zahlen, die auf den Bildschirmen aufleuchteten oder im Börsensaal von Hand zu Hand wanderten. Unsere Kunden machten oder verloren Tausende Pfund, wir machten nur Kommissionen. ... Das wirkliche Geld waren unsere Gehälter und unsere Bonusse (sic.), aber selbst diese waren künstlich: Es wurde alles mit telegrafischen Anweisungen bezahlt, und weil wir von den Spesen lebten, gingen die Zahlen unserer Bankkonten einfach in die Höhe (25)."

Täglich werden Devisen im Wert von rund 1,2 Billionen Dollar um den Globus gejagt. Für die Zahlungsströme im Waren- und Dienstleistungssektor würden rund 25 Milliarden ausreichen. Insider vermuten, dass für jeden Dollar, der in der realen produktiven Wirtschaft zirkuliert, zwischen 20 und 50 Dollar in der reinen Finanzwirtschaft in Umlauf sind – genau weiß es niemand. Dieses überschüssige Geld hat keine Verbindung zu irgendwelchen echten Werten, sondern ist reine Spekulationsmasse. Dabei genügen winzige Wechselkursänderungen, um bei einem entsprechend hohen Einsatz stattliche Gewinne zu erzielen. Erwarten z.B. Devisenhändler aufgrund einer unmittelbar bevorstehenden Zentralbanksitzung eine Senkung oder eine Erhöhung der Leitzinsen und damit eine Kursänderung des Dollars, so kaufen sie diese Währung über Derivate zu einem bestimmten Euro-Dollar-Wechselkurs. Mit ein bisschen Glück können sie schon bald nach Bekanntgabe der US-Zinsen mit Gewinn verkaufen, wenn sich der Dollarkurs in die erwartete Richtung bewegt hat.

Die Derivatepositionen, die von US-Banken gehalten werden, haben fast unvorstellbare Dimensionen von über 50 Billionen Dollar erreicht. Dabei kontrolliert alleine die Investmentbank J.P. Morgan Chase (JPM) in den Vereinigten Staaten über 50 Prozent des gesamten Derivatemarktes mit einem Volumen von 26 Billionen Dollar – das entspricht mehr als dem 2,5fachen des gesamten Bruttoinlandsproduktes der USA. Bezogen auf die Marktkapitalisierung (den Börsenwert) des Unternehmens sind die Derivatepositionen von JPM mehrere hundert Mal so groß. Die Gefahr solch extremer Größenordnungen besteht darin, dass nur eine leichte unerwartete Schwankung in den Positionen, eine kleine Bewegung in die entgegengesetzte Richtung der Spekulation zur Katastrophe führen kann. Bei einem Aktienportfolio ist eine Tagesschwankung von einem Prozent nichts Ungewöhnliches. Allerdings kann bei einem hundertfachen Hebel durch eine Preisbewegung von einem Prozent in die falsche Richtung eine Menge Kapital vernichtet werden.

Durch einen Verlust von 1,4 Milliarden Dollar wurde Barings mit einem relativ „kleinen“ Betrag aus dem Rennen geworfen. Der sagenumwobene Hedge Fund LTCM (Long Term Capital Management) hatte ein Aktienkapital von 3 Milliarden Dollar auf 140 Milliarden Dollar Schulden und 1,25 Billionen Dollar in Derivaten gehebelt. Im Zuge der Asien- und Russlandkrisen 1997 und 1998 flog das LTCM-System in die Luft. Nur mithilfe einer von der amerikanischen Notenbank organisierten Rettungsaktion durch ein Kon-

sortium von 14 Großbanken konnte eine finanzielle Kernschmelze im globalen Finanzmarkt verhindert werden.
Verglichen mit der Sprengkraft, die in dem 26-Billionen-Geschäft von JPM liegt, ist selbst die LTCM-Story ein Kindermärchen. Mussten 1998 bereits die 14 größten Banken der Welt einspringen, um das Weltwährungssystem vor dem Absturz zu bewahren, so stellt sich heute die Frage, welches Damoklesschwert über dem globalen Finanzsystem schwebt und wie man einen finanziellen Supergau überstehen kann. Der Wert des Geldes wird dann in anderen Maßeinheiten gemessen: in Unzen von physischem Silber.

Kapitel 14
Gefahr für das Silberkartell

Menschen und Märkte verhalten sich nicht immer, wie man es von ihnen erwartet. Würden sich die Akteure in den Finanzmärkten immer an die Spielregeln halten, hätten Leute wie US-Generalstaatsanwalt Eliot Spitzer weitaus weniger harte Arbeit. Wenn die Märkte immer den Gesetzmäßigkeiten folgen würden, von denen man annimmt, sie seien logisch und korrekt, könnte man mit einem einfachen Mechanismus wie bei einem Bankautomaten viel Geld kassieren. Man müsste nur die richtigen Zahlen eintippen und schon kommt der Reichtum.

Leider funktioniert die Wirtschaft nicht wie eine Maschine, bei der man ein

wenig auf die Zins-Bremse tritt, wenn sie zu schnell wächst und wenn sie zu langsam vorankommt, muss man nur ein wenig mehr Gas geben, indem man die Zinsen senkt. Wenn dieses mechanische Funktionsprinzip immer wirken würde, wären einige Dinge am Silbermarkt anders und der Silberexperte Theodore Butler müsste sich nicht seit Jahren bemühen, Manipulationen beim Silberpreis nachzuweisen. Für Butler gibt es klare Hinweise, dass der Silberpreis seit mehr als 15 Jahren nicht den wirtschaftlichen Gesetzmäßigkeiten von Angebot und Nachfrage folgt, sondern von einer Gruppe kontrolliert wird, die er „Silber-Manager" nennt. Damit meint er große Händler und Finanzunternehmen sowie leitende Angestellte der COMEX.
So wie die OPEC (Organization of Petrol Exporting Countries) seit über 30 Jahren den Preis des Erdöls maßgeblich beeinflusst und in gleichem Maße wie der Diamantenmarkt seit über 50 Jahren von DeBeer's zentraler Vertriebsorganisation gesteuert wird, so findet auch im Silbermarkt eine jahrzehntelange Preismanipulation statt. Als wichtiges Indiz für die These, dass Silber sich nicht in einem freien Markt bewegt, gilt für den Silberexperten die Tatsache, dass es mehr als zehn Jahre lang keine nennenswerten Preisschwankungen des weißen Metalls gegeben hatte. Das Gesetz von Angebot und Nachfrage müsste normalerweise jedoch unweigerlich Preisreaktionen auslösen, sobald in einer der beiden Positionen ein Ungleichgewicht besteht. Der Preis ist eine Steuerungsfunktion von Angebot und Nachfrage, die wie der berühmte Ökonom Adam Smith sagte, „mit unsichtbarer Hand" den Markt regelt.
Ein zu hoher Preis wird über kurz oder lang ein zu hohes Angebot und zu niedrige Nachfrage zur Folge haben. Ein zu niedriger Preis wird Knappheit eines Angebotes hervorbringen. In freien Märkten neigen die Preise zu Schwankungen zwischen hoch und niedrig und pendeln je nach momentaner Situation zwischen den Extrempunkten hin und her. Probleme können dann entstehen, wenn beherrschende Marktteilnehmer die normalen Preisschwankungen zu ihrem eigenen Vorteil kontrollieren wollen. Kontrollen dieser Art sind nach dem Recht der meisten westlichen Industrienatio-

nen verboten. Da die OPEC und DeBeer's außerhalb des Rechtseinflusses der USA und der Europäischen Union stehen, können Ölkartell und Diamantenkartell ihr Spiel verhältnismäßig ungehindert weiterspielen. Für ihre Produkte gibt es eine Nachfrage, die stark genug ist, dass die Preissteuerung von ihnen beibehalten werden kann.

Auch für Silber gibt es eine starke Nachfrage, die seit mehr als 15 Jahren nur dadurch befriedigt werden konnte, dass Vorräte aus früheren Zeiten aufgebraucht wurden. Ein Wirtschaftsgut, das eine zweifache Rolle als Rohstoff und als Edelmetall-Investment einnimmt, hätte unter normalen Umständen bei rückläufiger Produktionsmenge einen starken Preisanstieg und große Preisschwankungen vorweisen müssen. Fakt ist, dass Silber vor 1983 die höchsten Preisschwankungen aller Rohstoffe aufwies und dann jahrelang flach am Boden lag, obwohl die weltweiten Vorräte um mehr als 1,5 Milliarden Unzen abgebaut wurden. Der Schlüssel zum Verständnis des Rätsels, wie die Silberpreissteuerung funktioniert, liegt in der Methode, wie sie von der OPEC und von DeBeer's angewandt wird. Der gemeinsame Nenner beim Öl, bei den Diamanten und beim Silber ist die Tatsache, dass das Angebot manipuliert wird, um einen Preiseffekt auszulösen. Der Unterschied liegt jedoch darin, dass die OPEC und DeBeer's das Angebot künstlich verknappen, um den Preis hochzuhalten oder noch höher zu fahren, während das Kartell der Silber-Manager das Angebot künstlich erhöht, um den Preis des Silbers niedrig zu halten oder zu drücken.

Im Gegensatz zu dem Öl- und Diamantenkartell hat das Silber-Kartell allerdings zwei Instrumente zur Hand. Die OPEC und DeBeer's können zur Angebotsverknappung nur eines tun – nämlich ihre Wirtschaftsgüter zurückhalten. Die Silber-Manager haben zwei Methoden zur Verfügung, um ein Überangebot zu schaffen: sie können in unbegrenztem Umfang Silber mit Papierkontrakten an der COMEX leer verkaufen und sie konnten zusätzlich auf physisches Leih-Silber von verleihwilligen Zentralbanken zurückgreifen (s. Kap. Die dunkle Seite), die ihre Reserven für eine „fast-geschenkt-Gebühr" von teilweise unter einem Prozent überließen. Beim kleinsten Anzeichen eines über Gebühr steigenden Silberkurses konnten die Methoden einzeln oder in Kombination eingesetzt werden und bald war alles wieder unter Kontrolle. Die alles entscheidende Frage bleibt aber noch offen: Weshalb haben die Silber-Manager kein Interesse daran, dass der Preis für ihre Ware steigt?

Die Öl- und Diamantenbosse wollen jeden möglichen Dollar aus ihren Gütern herausholen, was jeder versteht und normal findet. Was aber treibt die Silber-Manager dazu, den Preis für ihre Ware zu drücken? Es ist der gleiche Grund: Geld. Allerdings machen sie das große Geld nicht dadurch, dass sie ihr Produkt zu einem höheren Preis verkaufen, sondern sie betreiben ein „gehebeltes“ Geschäft. Ihre Gewinne stammen nicht aus der Produktion des Edelmetalls, sondern sie schaffen Silberbestände über Leihgeschäfte, um aus der daraus resultierenden Kontrolle des Preises zu profitieren. Ihre Gewinne stammen aus dem Handel mit Futures und Optionen an der COMEX (s. Kap. Mit dem Hebel in der Hand).

Wenn ein Marktteilnehmer den Markt kontrolliert, indem er mit großen Summen das Gesetz von Angebot und Nachfrage außer Kraft setzen kann und unbegrenzte Mengen von Papierkontrakten kaufen und verkaufen kann, dann weiß er sehr gut, wo der Preis der Ware morgen, nächste Woche, nächsten Monat oder nächstes Jahr stehen wird. Es ist sozusagen eine sichere Wette, mit der man ständig Gewinne einfahren kann. Hinzu kommt ein zusätzlicher Motivationsfaktor für die Silber-Manager, der mehr und mehr an Bedeutung gewinnt – der vielleicht sogar das Gewinnstreben noch überlagert. Wenn jemand bereits viel Geld besitzt, gibt es für ihn nur noch eine Motivation, die den Trieb nach noch mehr Geld unterdrücken kann: der Wunsch, seinen Reichtum genießen zu können. Dies ist jedoch nur in Freiheit – nicht im Gefängnis – möglich. Nach den Gesetzen der westlichen Industrienationen sind Geschäfte dieser Art strafbar und zwischenzeitlich sitzen einige bekannte Personen, die sich während der Aktienhausse mit unsauberen Geschäften bereichert haben, hinter Gittern. Dieses Schicksal wartet nach Meinung von Ted Butler auf die Verantwortlichen des Silber-Kartells.

Da die Silbervorräte begrenzt sind, ist es laut Butler nur eine Frage der Zeit, bis die letzten Reserven aufgebraucht sind und die Manipulation ein spektakuläres Ende findet. Dann wird der seit Jahren aufgestaute Nachfragedruck zu einer Explosion führen, die den Silberpreis in den Himmel schießen lässt. Die natürliche Reaktion darauf wird sein, dass man endlich Klarheit über die Geschehnisse am Silbermarkt haben will. Viele Menschen, unter ihnen auch Eliot Spitzer, sind bereits vorgewarnt und so wird es unvermeidlich kommen, dass Untersuchungen auf höchster Ebene eingeleitet werden. Die Silber-Manager wollen diesen Tag der Abrechnung so weit wie möglich nach hinten hinausschieben, aber die Zeit läuft gegen sie (26).

Kapitel 15
Jäger des verlorenen Schatzes

Eine ständig wachsende Armee von Investment-Zauberern verbringt ihre Tage damit, Finanzinstrumente wie Aktien, Anleihen, Hypotheken, Währungen, Optionen, Derivate etc. zu handeln.“ Nach Meinung von Marc Faber, dem international renommierten Finanzexperten, der von Hong Kong aus die Märkte beobachtet, sind die Finanzmärkte aufgebläht vom vielen Geld, das in den letzten Jahrzehnten produziert wurde und immer wieder angelegt wird, um noch mehr zu generieren (27).
Für viele Analysten, Fondsmanager oder Strategen rückt demzufolge die detaillierte Analyse von Unternehmen und gesamtwirtschaftlichen Ent-

wicklungen immer stärker in den Hintergrund. Stattdessen müssen sie sich immer mehr darauf konzentrieren, was ihre Kollegen in der Finanzindustrie gerade denken und meinen, wie diese positioniert sind und wie sie ihre Positionen in der Zukunft ändern werden. Um ein gutes Anlageergebnis zu erzielen, spielt dabei für einen Anlageprofi die eigene Einschätzung einer Aktie, eines Sektors oder eines Landes eine geringere Rolle als das, was die anderen Fondsmanager oder die Investoren im Augenblick darüber denken. So seltsam es klingen mag, wenn ein Analyst eine Unternehmenspräsentation miterlebt, muss er weniger Aufmerksamkeit auf die Aussagen der Firma richten als auf die Reaktionen der anderen Teilnehmer. Wenn diese die Präsentation wohlwollend aufnehmen, werden sie möglicherweise gleich Kauforders platzieren und den Kurs in Bewegung versetzen (s. Kap. „Die unsichtbare Hand“).
Faber fährt fort: „Für meinen Geschmack sind die westlichen Finanzmärkte zu groß im Vergleich zur realen Wirtschaft und sie müssen noch viel mehr Luft ablassen, als sie es seit dem Jahr 2000 bereits getan haben. Zu viele Schlauköpfe und Schatzjäger tummeln sich in der Finanzdienstleistungs-Industrie, als dass ein durchschnittlicher Investor gute Anlageergebnisse erzielen könnte.“ Was Marc Faber hiermit preisgibt, ist kein Geheimnis, sondern eine Erkenntnis, die nicht wenige Privatanleger nach ein paar Jahren Börsenerfahrung auch schon gewonnen haben. Natürlich möchten alle Investoren Gewinne machen, ganz gleich ob Private oder Institutionelle und die Chancen stehen rein theoretisch 50 : 50. In der Praxis stehen die Privaten jedoch häufiger auf der Verliererseite, weil die Profis mehr Erfahrung, bessere Informationen, billigeres Kapital und größere Kapitalmengen haben. Mit Techniken wie dem Short-Selling, mit dem gezielten Einsatz von Derivaten und mit enormen Investitionssummen gehen die Investmentprofis in den Finanzmärkten auf Schatzsuche. Viele Privatanleger, die mit dem Handel von Optionen und Optionsscheinen ihr Glück versuchen, wissen oft nicht so recht, wie ihnen geschieht, wenn sie – anstatt ein großes Vermögen anzuhäufen – schlaflose Nächte verbringen, weil ihre Wetten urplötzlich

oder nach und nach verfallen. Manchmal schöpfen sie wieder Mut, wenn wieder einmal ein kleiner Erfolg dazwischen kommt, aber in den meisten Fällen sind die Verluste schmerzhaft und größer als die gelegentlichen Gewinne. Sieger in diesen ungleichen Schlachten bleiben die hartgesottenen Player, die die Kleinen das Fürchten lehren.
Solange sich die privaten Investoren auf dem gleichen Terrain wie die Großen bewegen, wird ihre Ausbeute so gut wie immer wesentlich geringer sein. Es gibt jedoch Gebiete, in denen die Profis ihre Überlegenheit nicht mehr so leicht ausspielen können. Den meisten privaten Investoren ist nämlich gar nicht richtig bewusst, dass sie einige Trümpfe besitzen, denen die großen Schatzjäger nichts entgegenzusetzen haben. Wenn sie einige wichtige Grundregeln beachten, können sie ihre Vorteile nutzen und erfolgreich gegen die Profis antreten.
Die wichtigste Regel, die für alle Märkte gilt, ist das Gesetz von Angebot und Nachfrage. Auch wenn Theodore Butler Recht haben sollte und die „Silber-Manager" ihre Hände im Spiel haben, kann dieses Grundgesetz für den Silbermarkt nicht für alle Zeiten außer Kraft gesetzt werden. Aufgrund der weiterhin starken Nachfrage und der Tatsache, dass schon seit vielen Jahren der Bedarf aus dem Verzehr von alten Reserven gedeckt wurde, ist anzunehmen, dass wie bei allen Wirtschaftsgütern, bei denen ein Nachfrageüberhang besteht, auch bei Silber der Preis auf mittlere und längere Sicht steigen muss.
Die zweite wichtige Regel betrifft den Faktor Zeit. Im Kurzfristbereich haben Privatanleger gegen professionelle Trader keine echte Chance. Wer in Zeiträumen von zwei bis drei Monaten – oder noch kürzer – erfolgreiche Geschäfte tätigen will, braucht sehr viel Erfahrung und beste Informationen. Auch im Mittelfristbereich ist es für die Privaten sehr schwer, sich richtig zu positionieren. Im Gegensatz dazu ist es verhältnismäßig leicht festzustellen, ob sich ein Markt hauptsächlich in einem Aufwärtstrend oder in einem Abwärtstrend befindet. Man muss kein Fachmann sein, um anhand eines Charts festzustellen, woher der Wind weht, wenn man längere Zeiträume betrachtet. Den übergeordneten Trend erkennt man in der Regel

deutlich, wenn man sich eine Weile mit den Charts der betreffenden Märkte befasst. Im Internet gibt es eine Reihe von informativen und nützlichen Seiten (z. B. www.kitco.com), die sehr schnell Aufschluss über kurz-, mittel- und längerfristige Trends geben. Wenn man – wie beim Silber – einen längerfristigen Aufwärtstrend erkennen kann, sollte man sich nicht von kurzfristigen Prognosen oder Marktmeinungen irritieren lassen.
An dritter Stelle spielt beim Silber das Short Selling und das Leihgeschäft eine bedeutende Rolle. Die Player in diesem Geschäft setzen riesige Geldsummen ein, um den Preis zu beeinflussen. Sie wollen das Silber gar nicht physisch besitzen, sondern sie wollen den Markt beherrschen und Papiergewinne erzielen. Dieses Spiel kann nur erfolgreich gespielt werden, solange die Geschäfte ausschließlich auf dem Papier oder elektronisch ablaufen. Sobald das echte Metall ge- und verkauft wird, funktioniert dieses Geschäftsmodell nicht mehr. Der Privatanleger kann sich das Wissen um die Leerverkäufe zunutze machen – nicht indem er ebenfalls in solche Geschäfte einsteigt, sondern indem er genau das Gegenteil davon tut. Er kauft sich echtes physisches Silber und besitzt es damit wirklich.
Dieses Silber, das in seinem privaten Besitz ist, kann nicht mehr von Banken verliehen werden. Dadurch, dass er den Banken die Verleihmöglichkeit entzieht, verhindert er, dass die Geldjäger mit geliehener Ware den Preis seines Schatzes drücken können: Sein Silber ist in ruhigen Händen und für die Jäger ist es verloren. Damit schließt sich der Kreis und wir sind wieder bei Grundregel Nr. 1 angelangt: Angebot und Nachfrage. Wenn echtes Silber gekauft wird, steigt die Nachfrage. Mit dem Kauf des physischen Silbers und dessen Aufbewahrung an einem ruhigen Ort verringert sich gleichzeitig das Angebot. Auf diese Weise wird den Spekulanten Schritt für Schritt die Grundlage für ihr Geschäft entzogen.
Als Privatanleger kann man Gewinne mit Silber erzielen, wenn man sich seiner Sache sicher ist und sich nicht von den Schwankungen des Marktes irritieren lässt. Wer echtes Silber in Form von Barren oder Münzen besitzt, steht nicht unter Druck wie die Käufer von Futures, Optionen und anderen

Derivaten mit Verfallsdatum, die in kurzen Zeiträumen von wenigen Wochen oder Monaten agieren müssen. Solange man auf den langfristigen Charts erkennen kann, dass der Haupttrend in die gewünschte Richtung zeigt, braucht man sich nicht aus der Ruhe bringen zu lassen.

Kapitel 16
Münzen oder Barren?

„Der Dollar fällt trotz positiver US-Wirtschaftsdaten, das ist ein Schwächesignal," sagte der Chef-Währungsstratege der Deutschen Bank in New-York Ende November 2003. Er fuhr fort: „Der Dollar fällt seit zwei Jahren, und zwar, weil immer deutlicher wird, dass die USA ihr Außenhandelsdefizit auf Dauer nicht finanzieren können." Einen anderen Punkt gaben die Devisen-Experten der Bremer Landesbank zu bedenken. Nach ihrer Einschätzung setzte sich am Markt die Sichtweise durch, dass Wachstum und Stimmung in den USA künstlich aufgebläht waren (28). Dies stärkte den Euro und gab den Edelmetallen Auftrieb. Gold eroberte die 400-

Dollar-Marke und Silber konnte seinen Aufwärtstrend bestätigen – positive Signale, die von Silberinvestoren gerne aufgenommen wurden: sie kauften noch eifriger das weiße Metall.

Silber kann man sowohl in Münzen als auch in Barren erwerben. Silbermünzen wurden Jahrhunderte lang als Zahlungsmittel verwendet, wobei der Materialwert in etwa dem aufgeprägten Nennwert entsprach. Es gab Zeiten, in denen der Metallwert den Nennwert übertraf. Dann wurden solche Münzen aus dem Geldkreislauf herausgenommen, um sie zum tatsächlichen Materialwert zu verkaufen oder um sie zur Vermögensanlage zu verwenden. In den USA und in Kanada wurden von den Münzanstalten bis in die Sechzigerjahre Silbermünzen in so genannten „Bags", also Beuteln oder Säckchen, mit einem Nennwert von 1.000 Dollar verkauft. Anleger hatten mit diesen Bags einen zweifachen Trumpf in der Hand, da das eingetütete Silber sowohl echtes Zahlungsmittel als auch eine Direktinvestition in das weiße Metall war.

Wer heute Silbermünzen kauft, tut dies einerseits aus der Überlegung heraus, dass schöne Münzen einen Sammlerwert besitzen oder erreichen können, der weit über den Materialwert hinausgeht, andererseits bieten Silbermünzen als Investment etwas für das Auge. Die Münzanstalten Australiens, Großbritanniens, Kanadas, der Vereinigten Staaten und anderer Länder geben sich immer wieder Mühe, Anleger mit schönen Motiven zum Münzkauf zu animieren. Ohne Schwierigkeiten kann man an fast allen deutschen Bankschaltern den American Silver Eagle, den kanadischen Maple Leaf oder die australische Kookaburra-Münze kaufen. Sie haben eine Feinheit von 999,9 – damit wird der Anteil des reinen Silbers am Gesamtgewicht in Tausendstel angegeben.

Weitere sehr schöne, aber leider nicht überall erhältliche Münzen sind die Britannia-Silbermünze, der chinesische Silberpanda sowie der mexikanische Silber-Libertad. Eine besondere Augenweide ist die australische Lunar-Serie mit Motiven des chinesischen Kalenders und der zugehörigen Tierkreiszeichen. Auch in Kanada und – natürlich – in China werden Lunar-Serien

geprägt. Die Standard-Größen für Silbermünzen sind Stückelungen von 1 Unze, ½ Unze, ¼ Unze und 1/10 Unze, wobei nicht alle Motive in den erwähnten Größen produziert werden. Die australischen Kookaburras und die Lunar-Stücke sind mit einem Gewicht von 1 Kilogramm, 10 Unzen, 2 Unzen und 1 Unze erhältlich. Den Silber-Panda gibt es mit 1 Kilogramm, 12 Unzen, 5 Unzen, 2 Unzen und 1 Unze. Für Sammler oder Anleger, die sich intensiver mit Münzen beschäftigen wollen, gibt es eine Menge aufschlussreicher und unterhaltsamer Literatur sowie einige gute Adressen im Internet (s. Anhang).
Die Preise der Münzen schwanken täglich und sind vom Tagespreis des Edelmetalls abhängig. Häufig wird ein erheblicher Sammleraufschlag auf den inneren Wert des Silbers sowie eine hohe Spanne zwischen Ankauf und Verkauf erhoben. Der Unterschied zwischen An- und Verkaufspreis, der so genannte „Spread“, kann zwischen 10 und 15 Prozent liegen. Je kleiner die Stückelung und die gekaufte Gesamtmenge ist, umso höher ist die Spanne.
Bevor man Silbermünzen kauft, sollte man in jedem Fall bei unterschiedlichen Banken oder Münzhändlern Preisvergleiche vornehmen. Sobald man in etwas interessantere Größenordnungen beim Anlagevolumen kommt, lassen Banken und Münzhändler immer mit sich über den Preis verhandeln, womit sich der Spread spürbar verringert und die Investition schneller rentabel wird.

Als Alternative zu Münzen bietet sich der Erwerb von physischem Silber in Form von Barren an. Barrensilber ist im Vergleich zu Münzen deutlich günstiger, da der aufwändige Prägevorgang entfällt. Die Barren werden in Europa hauptsächlich in Gramm- und Kilogrammgrößen angeboten. Aufgrund des (noch) verhältnismäßig niedrigen Preises pro Kilogramm werden kleinere Größen als die 1-Kilo-Barren selten angeboten, da ein Kauf aufgrund der hohen Aufgelder uninteressant ist. Beim Kauf von 5-Kilo-Barren wird der Einstandspreis schon günstiger. Die alte Kaufmannsweisheit, dass im Einkauf der Gewinn liegt, gilt für Silber ebenso, deshalb ist es günstiger, größere Stückelungen zu erwerben.

Für diejenigen Anleger, die für die Aufbewahrung ihres Silbers keinen eige-

nen Tresor im Haus oder in ihrer Wohnung haben, bieten die Banken in ihren Tresorräumen die Nutzung von Schließfächern gegen relativ geringe Jahresgebühren an. Für den Transport und die Lagerung von Silber im eigenen Safe oder bei der Anmietung eines Bankschließfaches sollte man sich vorher ein paar Gedanken machen. Ein 1-Kilo-Barren Silber hat die Maße von ca. 9 x 5 x 2,5 cm. Die Innenmaße eines Aktenkoffers sind ca. 45 x 30 x 10 cm. Rein rechnerisch könnte man darin 120 Barren nach Hause tragen, das entspräche einem Silber-Wert von rund 20.000 Euro (Stand Anfang 2004). In der Praxis dürfte der Aktenkoffer und auch der Träger mit der Last überfordert sein – aber es muss ja nicht gleich ein ganzer Koffer voll sein. Der einfachste und bequemste Weg ist es, wenn man sein Silber dort lagern kann, wo man es kauft. Selbst wenn man bei einem Händler oder bei einer fremden Bank einen geringfügig besseren Einkaufspreis erzielen könnte, sollte man auch die Transport- und Lagersituation berücksichtigen.
Manchmal ist es dann doch „günstiger", bei seiner Hausbank zu kaufen, wo man das edle Metall gleich lagern kann und ein einfaches Handling genießt.
Einen Nachteil muss physisches Silber allerdings wettmachen: ganz gleich wie viel man kauft, wie gut man den Preis aushandelt und wo man es lagert – der Staat verdient kräftig mit. Silber wird in Deutschland mit der 16-prozentigen Mehrwertsteuer belegt. Aus diesem Grund müssen Silberinvestoren von vorneherein einen längeren Anlagehorizont haben, da ihr Investment neben den Gestehungskosten am Markt und eventuellen Lagerkosten zusätzlich die beim Kauf fällige Steuer wieder hereinwirtschaften muss. Aufgrund der fundamentalen Daten und im Hinblick auf die guten Perspektiven für Silber sollte man sich jedoch nicht davon abschrecken lassen. Als Gegenleistung erhalten die Investoren echte, greifbare Werte, die nicht nur in Form von Bits und Bytes oder auf Papier gedruckt existieren.

Kapitel 17
Silberzertifikate

Wer als Anleger auf Silber setzen möchte, ohne den Staat mitverdienen zu lassen, kann auf Silberzertifikate zurückgreifen. In den letzten Jahren ist unter dem Begriff „Zertifikate“ eine Serie von Finanzprodukten am Markt erschienen, die auch im Silbersektor Einzug gehalten haben. Bei Zertifikaten handelt es sich um Wertpapiere, die dem Besitzer die Teilnahme an der Kursentwicklung von Aktien, Aktienindizes oder Edelmetallen wie Silber zusichern.

Zertifikate sind Finanzinnovationen des 20. Jahrhunderts, denen vor allem in den 80er- und 90er-Jahren der Durchbruch gelang und die seit ein paar

Jahren einen sehr großen Aufschwung erleben. Sie sind vom Grundsatz her Anleihen, was zunächst eher verwirrend erscheinen mag, wenn von Zertifikaten auf Aktien oder Edelmetalle die Rede ist. Der Anleihecharakter wird aber schnell ersichtlich, wenn man sich vor Augen führt, wie Zertifikate funktionieren: Man kauft ein Zertifikat von einer Bank für einen bestimmten Geldbetrag, zu einem späteren Zeitpunkt möchte man es für hoffentlich mehr Geld an die Bank zurückgeben. In der Zwischenzeit kann die Bank mit dem erhaltenen Geld wirtschaften, aber dieses Geld ist kein permanentes Eigenkapital der Bank, sondern sie muss später eine Rückzahlung leisten. Zertifikate verfügen traditionell über eine von vorneherein festgelegte Laufzeit (wie eine Anleihe), an deren Ende die Emissionsbank dem Anleger eine Zahlung gemäß den Zertifikatebedingungen schuldet.

Der Zeitraum zwischen Emission und Rückzahlung liegt selten unter zwei Jahren, häufig kommen Laufzeiten von vier, fünf, sieben oder zehn Jahren in Frage. Dies zeigt bereits, dass Zertifikate ein Instrument für mittel- bis langfristige Investoren sind. Grundsätzlich sollte man darauf achten, dass die Restlaufzeit mindestens ein Jahr beträgt, da unter dieser Bedingung die bei der Veräußerung oder Rückzahlung des Zertifikats anfallenden Erträge in der Regel steuerfrei sind, von wenigen Ausnahmen bei speziellen Zertifikaten einmal abgesehen. Darüber hinaus macht eine lange Restlaufzeit Sinn, um den Wiederanlage-Aufwand in engen Grenzen zu halten. Läuft ein Zertifikat aus und der Anleger will sein Engagement weiter fortsetzen, muss er ein anderes, ähnliches Zertifikat erwerben, wobei wiederum Gebühren anfallen. Für diese Laufzeitproblematik wurde mittlerweile eine Lösung gefunden. Erstmals im August 2000 hat ABN Amro, ein führender Zertifikate-Anbieter, das erste Papier mit unbegrenzter Laufzeit auf den Markt gebracht. Seither bieten auch andere namhafte Emittenten so genannte „Open End Zertifikate" an.

Ein nicht unwesentlicher Aspekt beim Kauf von Zertifikaten ist die Bonität, sprich Zahlungsfähigkeit des Emittenten. Die beste Wertentwicklung eines Zertifikats nutzt schließlich wenig, wenn der Emittent mangels Mittel die

Rückzahlung schuldig bleibt. In aller Regel werden jedoch Zertifikate von etablierten Banken aufgelegt, bei denen zu erwarten ist, dass sie ihren Zahlungsverpflichtungen nachkommen werden. Da könnte es schon eher vorkommen, dass sich ein Emittent aus dem Zertifikategeschäft zurückzieht. Bei langfristigen Investments ist man darauf angewiesen, dass seitens der Bank die Absicht zur langfristigen Fortführung des Zertifikategeschäfts besteht. Bei Instituten, die nur wenige Zertifikate begeben haben oder die erst seit kurzem am Markt sind, besteht ein bestimmtes Risiko, dass sie ihr Geschäft bei Erfolglosigkeit wieder einstellen. Um auf Nummer sicher zu gehen, sollte man Zertifikate bei den Marktführern kaufen: je mehr Zertifikate eine Bank begeben hat, desto geringer ist das Risiko einer mittelfristigen Geschäftsaufgabe.
Das Hauptargument der Zertifikate-Befürworter ist die Kostenstruktur. Während zum Beispiel beim Kauf von Silbermünzen oder Barren eine deutliche Spanne zwischen Ankauf und Verkauf existiert, beträgt der Spread bei Zertifikaten nur einen Bruchteil davon. Zu den namhaften Anbietern von Silberzertifikaten zählen die UBS, die BW-Bank, Dresdner Kleinwort Wasserstein sowie ABN Amro, die neben der „Erfindung" der Open-End-Zertifikate eine weitere, gerade für den Silberinvestor interessante Innovation hervorgebracht haben: ein währungsgesichertes Zertifikat. Da Silber in Dollar notiert wird, haben entsprechende Währungsschwankungen nicht nur Auswirkungen auf das Metall selbst, sondern normalerweise auch auf die Zertifikate. Wenn der Dollar an Wert verliert, kann es vorkommen, dass trotz gestiegener Silberkurse die Gewinne aufgrund des Dollarverlustes wieder wegschmelzen. ABN Amro hat diesbezüglich vorgesorgt. Sie bietet ein Silberzertifikat mit eingebauter Währungsabsicherung. Der Wert des Papiers bezieht sich im Verhältnis 1 : 1 auf den Silberpreis, wobei Währungseffekte ausgeschaltet werden. Dies wird dadurch erreicht, dass das Wechselkursrisiko von der Bank durch Hedging-Aktivitäten ausgeglichen wird. Durch die Kosten der Währungsabsicherung liegt der Kaufpreis des Zertifikats etwas über dem Silberkurs.
Silberzertifikate stellen im Prinzip den einfachsten und kostengünstigsten

Weg dar, in Silber zu investieren, da keine Belieferungs-, Lager- und gegebenenfalls Versicherungskosten entstehen. Sie verbriefen eine 1 : 1 Preisentwicklung des Silberkurses, wodurch der Anleger zu 100 Prozent an den Kursbewegungen teilnimmt – genauso wie bei einem Engagement in physischem Silber – ohne jedoch dem Staat 16 Prozent Mehrwertsteuer zahlen zu müssen. Der Kauf von Zertifikaten ist ebenso wie der Kauf von Aktien und anderen Wertpapieren mehrwertsteuerfrei. Ein Nachteil besteht allerdings darin, dass man zwar an der Wertentwicklung des Silbers beteiligt ist, aber keinen Anspruch auf die Lieferung des physischen Metalls hat. Wer jedoch bereits eine physische Silberbasis aufgebaut hat, findet in den Zertifikaten eine passende Ergänzung.

Kapitel 18
Optionsscheine

Was den Investmentprofis recht ist, ist den Privatanlegern billig – sie kaufen Derivate. Derivate sind künstlich geschaffene Finanzinstrumente, die von traditionellen Anlageformen wie Aktien, Anleihen, Indizes und Rohstoffen abgeleitet worden sind und die sich auch bei privaten Anlegern immer größerer Beliebtheit erfreuen. Sie haben vor allem drei Anwendungszwecke: Sie dienen zur Spekulation, zur Kursabsicherung und zur Arbitrage (der Ausnutzung von Kursineffizienzen). Zu den bekanntesten Derivaten zählen Futures und Optionen. Während Futures in der Regel ausschließlich von Profis gehandelt werden, versuchen mittlerweile auch

schon einige private Anleger, mit Optionen Geld zu verdienen.
Die geeigneteren Instrument für Privatanleger sind allerdings Optionsscheine, die ebenfalls den großen Gewinn mit kleinem Einsatz ermöglichen. Bei den Optionsscheinen, auch Warrants genannt, steht eine sehr große Auswahl von Basiswerten mit unterschiedlichsten Laufzeiten zur Verfügung. Zudem können Optionsscheine in kleiner Stückzahl gehandelt werden. Im Jahr 1989 gab es etwa 100 verschiedene Optionsscheine in Deutschland. Heute können Privatkunden aus weit über 20.000 Optionsscheinen wählen. Die meisten Scheine werden für die klassischen Favoriten der Anleger angeboten: DAX, Euro-Stoxx 50, Euro und europäische Standardwerte. Rund 30 Emissionsbanken werben um die Gunst und das Geld privater Kunden, die eine Auswahl wie in keinem anderen Land der Welt haben.
Die Idee der Optionsscheine ist im Prinzip recht einfach. Man bezahlt heute einen bestimmten Betrag und erhält dafür das Recht, bis zu einem späteren Zeitpunkt eine Aktie, eine Währung oder eine bestimmte Menge Silber kaufen bzw. verkaufen zu dürfen. Diesen Zeitpunkt nennt man den Verfallstermin. Wird der Optionsschein bis zu diesem Zeitpunkt nicht verkauft oder das Optionsrecht wahrgenommen, so verfällt er wertlos. Wieso sollte man nun etwas bezahlen, um später eine Aktie oder Silber kaufen zu dürfen? Man könnte doch auch gleich und direkt das gewünschte Anlagegut kaufen. Stimmt! Das Besondere beim Optionsschein ist aber, dass man bereits heute weiß, zu welchem Kurs man das Silber kaufen kann.
Wenn ein Anleger in Zukunft mit einem starken Kursanstieg des Silbers rechnet und einen Optionsschein besitzt, mit dem er das Edelmetall zum jetzigen Kurs kaufen kann, dann ist das eine lukrative Sache. Und wenn der Kurs des Silbers unter den jetzigen Kurs fiele, müsste er gar nicht kaufen, denn mit einem Optionsschein erwirbt er nur das Kaufrecht, nicht aber eine Kaufpflicht. Solche Optionsscheine werden auch als Call-Optionsscheine bezeichnet.
Daneben gibt es noch Verkaufsoptionsscheine, so genannte Put-Scheine, mit denen man das Recht erwirbt, z.B. Silber zu einem späteren Zeitpunkt

zu einem heute festgelegten Preis zu verkaufen. Ein solcher Put kann sich lohnen, wenn man mit sinkenden Kursen rechnet.
Viele private Investoren, die mit Optionsscheinen handeln, verfolgen meist keine spezielle Absicherungs- oder Arbitragestrategie, sondern hoffen, eine höhere Rendite zu erzielen als mit dem Basiswert. Dies ist auch beim Silber der Fall. Ein Anleger, der sich in der Einschätzung der Kursentwicklung des Silbers relativ sicher und auch bereit ist, ein erhöhtes Risiko einzugehen, wird einen Teil seines Engagements in Optionsscheinen tätigen. Grund hierfür ist der bekannte Hebel- bzw. „Leverage-Effekt" von Optionsscheinen, der im Prinzip genauso funktioniert, wie in dem Rechenbeispiel mit den Futures (s. Kap. „Mit dem Hebel in der Hand"). Dabei sind Chancen und Risiken zwei Seiten der gleichen Medaille. Der Aussicht auf hohe Gewinne steht auf der anderen Seite das Risiko des Totalverlustes gegenüber, denn der Hebeleffekt wirkt in beide Richtungen. Gewinne und Verluste beim Basiswert Silber fallen prozentual größer aus als beim Basiswert selbst. Hinzu kommt der Kampf gegen die Uhr, denn wer in Optionsscheine investiert, hat immer die Zeit gegen sich. Ein Optionsschein verliert mit abnehmender Restlaufzeit mehr und mehr an Zeitwert, bis dieser am Ende gleich Null ist.
Für den Inhaber des Scheins bedeutet dies: tritt die von ihm erwartete Entwicklung nicht innerhalb einer relativ kurzen Zeitspanne ein, wird das mit dem Schein verbundene Verlustrisiko immer größer. Auch wenn beim Handel mit Optionsscheinen ein Totalverlustrisiko des eingesetzten Kapitals möglich ist, so hat der Optionsscheinkäufer im Unterschied zum Käufer von Futures einen großen Vorteil: Er kann nicht mehr verlieren, als er für die Scheine ausgegeben hat, während die Verluste bei Futures ins Unendliche laufen können. Wer mit Optionsscheinen handelt, muss dennoch genau wissen worauf er/sie sich einlässt. Vor dem ersten Optionsschein-Kauf verlangt deshalb jede Bank zu Schutz des Anlegers einen Nachweis der so genannten Termingeschäftsfähigkeit.
Hierzu wird eine Infobroschüre mit Unterschriftsformular ausgehändigt und der zukünftige Optionsscheinkäufer muss per Unterschrift bestätigen,

dass er Kenntnis über die Besonderheiten und Risiken von Finanzinstrumenten mit Verfallsdatum hat.
Auch wenn Deutschland das Land mit den meisten handelbaren Optionsscheinen ist, werden Silber-Optionsscheine nur von wenigen Emissionshäusern begeben. Die wichtigsten Anbieter für Silber-Scheine sind die Deutsche Bank und die UBS. Anleger, die am Silbermarkt mit Optionsscheinen Gewinne erzielen wollen, sollten sich nicht nur wegen der erforderlichen Termingeschäftsfähigkeit vertiefte Kenntnisse über diese Finanzinstrumente aneignen, sondern insbesondere zum eigenen Schutz vor Risiken. Im Internet findet man auf den Seiten der BNP Paribas (s. Anhang Internetseiten) die Optionsschein-Akademie. Das ist ein ausführliches Trainingsprogramm, das kostenfrei von der Bank zum Selbststudium zur Verfügung gestellt wird. Sehr gute Infos zu Optionsscheinen, Kursen und hilfreiche Rechentools stellen Onvista und Consors im Internet zur Verfügung.
Als wichtigen Punkt beim Kauf von Silber-Calls sollte man unbedingt beachten, dass man keine allzu kurzen Laufzeiten wählt. Da die Silberpreisentwicklung mit teilweise erheblichen kurzfristigen Schwankungen einhergeht, würde man mit der Wahl von kurzen Laufzeiten überdurchschnittliche Risiken eingehen. Empfehlenswert sind Laufzeiten von mindestens 2 Jahren oder länger. Der mit den Scheinen reservierte Bezugspreis, auch Basispreis genannt, sollte nicht mehr als 10 Prozent aus dem Geld (über dem aktuellen Silberpreis) liegen. Als Ergänzung zu den soliden Silberpositionen können Optionsscheine in der richtigen Dosis für den kundigen Anleger eine pikante Würze für das Depot sein.

Kapitel 19
Silberaktien und Investmentfonds

Wenn der Silberpreis steigt, profitieren die Produzenten dieses Wirtschaftsgutes in besonderem Maße davon. Um als privater Investor an den Gewinnen der Silberproduzenten teilzuhaben, kann man Anteile an Aktien von Minengesellschaften erwerben. Dabei ist allerdings zu berücksichtigen, dass es nur sehr wenige börsennotierte Aktiengesellschaften gibt, deren primäres Geschäftsziel der Abbau von Silber ist.

Reine Silberlagerstätten kommen sehr selten vor. In den meisten Fällen wird das weiße Metall als willkommenes Nebenprodukt beim Abbau von Zink, Blei, Kupfer und Gold gewonnen. Im Jahresbericht 2003 des Silver

Institute wird die Verteilung der Silberproduktion in Bezug auf die unterschiedlichen Abbau-Quellen wie folgt angegeben: Blei/Zink 32 Prozent, Kupfer 25 Prozent, Gold 14 Prozent, reine Silberquellen 27 Prozent, der Rest sonstige. Die wichtigsten Länder für die Silbergewinnung sind:

Land	Produktionsmenge in Unzen (29) (in Millionen gerundet, 1 Unze = 31,1 Gramm)
Mexiko	92
Peru	89
Australien	67
USA	47
China	45
Kanada	44
Polen	39
Chile	35
Russland	25
Kasachstan	25

Von den weltweit größten Produktionsunternehmen sind nur wenige als reine Silberminenbetreiber tätig. Die führenden Silberproduzenten sind:

Unternehmen	Land	Produktion (30) (in Millionen Unzen gerundet)
Industrias Penoles	Mexiko	53
BHP Biliton	Australien	44
KGHM Polska Miedz	Polen	38
Grupo Mexiko	Mexiko	20
Barrick Gold	Kanada	18

Rio Tinto	England	17
Coeur d'Alene Mines	USA	15
MIM Holdings	Australien	13
Cia. Minas Buenaventura	Peru	12
Noranda Inc.	Kanada	11

Unter diesen Firmen sind einzig die Anteile des Unternehmens Coeur d'Alene als reine Silberminenaktien zu bezeichnen. Weitere bekannte Silberaktien wie Hecla Mining Company (USA) rangieren auf Rang 13, die kanadische Pan American Silver auf Platz 16. Die Tatsache, dass es so wenige primäre Silberminenbetreiber und damit ein so geringes Angebot an reinrassigen Silberaktien gibt, hat zur Folge, dass es keine Investmentfonds gibt, die das Thema Silber schwerpunktmäßig behandeln. Die meisten Goldfonds oder Rohstoff-Fonds haben zwar eine Beimischung von Silberminen, doch machen diese nur einen kleinen Teil des Portfolios aus. Für Privatanleger gibt es in Deutschland zurzeit keine Möglichkeit, sich an einem Sondervermögen (Fonds) zu beteiligen, das ausschließlich in Silberminen investiert. Das ist schade für diejenigen, die sich mit der Beteiligung an Silberproduzenten ein höheres Gewinnpotential erkaufen möchten.
Wenn diese Möglichkeit auf Grund der besonderen Gegebenheiten bei der Silbergewinnung und bei den Silberproduzenten nicht oder nur eingeschränkt existiert, kann man sich auf die Suche nach Alternativen begeben. Die Hauptmotivation für den Kauf von Silberaktien liegt ja darin, dass man im Vergleich zu den Kursgewinnen beim Basismetall eine zusätzliche Rendite erzielen möchte. Der Kauf von Silberaktien wirkt gleichsam wie ein Hebel. Die Performance der primären Silberproduzenten ist aber zwangsläufig eng an die Entwicklung des Silberpreises angelehnt. Schließlich hängt die Ertragssituation der Minen bei gegebenen Förderkosten unmittelbar von den Absatzpreisen der Produktion ab. Wenn ein Investor auf einen Hebeleffekt und überdurchschnittliche Gewinne durch den Kauf von Silberak-

tien hofft, so muss er unbedingt auch von steigenden Kursen beim Silber selbst ausgehen, ansonsten hätten die Aktien kein Kurspotential. Hat der Anleger also eine so feste Überzeugung, dass der Silberpreis steigt, dann kann er anstatt Silberminenaktien zu erwerben auch Call-Optionsscheine auf Silber kaufen.

Genaugenommen sind Silberaktien nichts anderes als Call-Optionen auf eine zukünftige Silberproduktion und auf den zukünftigen Silberpreis – natürlich mit ein paar Besonderheiten. Grundsätzlich und langfristig beruht jede erfolgversprechende Silberstrategie für den privaten Anleger auf steigenden Silberkursen. Bei der Enge des Marktes für Silberminen kann es sehr leicht vorkommen, dass die Aktienkurse sich weit von den fundamentalen Silberdaten entfernen. Da wäre es in mancherlei Hinsicht transparenter und kaum risikoreicher, sich nicht mit den Unternehmensdaten der einzelnen Silberproduzenten auseinander zu setzen, sondern sich stattdessen ausschließlich auf den Silberkurs zu konzentrieren und zusätzliches Gewinnpotential mit einer begrenzten Kapitalmenge aus dem Einsatz von Call-Optionsscheinen zu schöpfen.

Wer nicht auf Aktien verzichten möchte, kann neben den reinen Silberproduzenten wie Coeur d'Alene, Hecla Mining, Pan American Silver, Corner Bay, Apex, Avino, Silver Standard, First Silver etc. auch bekannte Rohstoffkonzerne wie BHP Biliton, Rio Tinto oder Minenbetreiber wie Barrick Gold ins Depot nehmen. Wem die Analyse einzelner Silberminen und Rohstoffunternehmen zu arbeitsintensiv ist oder wer einfach keinen Spaß daran hat, der kann das Spezialwissen und die Erfahrung von Fachleuten in Anspruch nehmen. Im Rohstoffbereich gibt es eine große Auswahl an Investmentfonds mit ganz unterschiedlichen Anlagestrategien. Der im Jahr 2003 erfolgreichste Rohstoff-Fonds war der World Mining Fund von Merrill Lynch. Er enthält unter anderem Aktien der Rohstoffkonzerne, die zu den großen Silberproduzenten zählen: Rio Tinto, BHP Biliton, Cia Minas Buenaventura. Außerdem sind viele große und bekannte Goldproduzenten, die zum Teil auch Silber abbauen, im Portfolio: Anglogold, Harmony Goldmining, Gold Fields, Newmont Mining. Daneben finden sich Platinfirmen wie Impala Platinum sowie Aluminium-, Kupfer- und Nickelproduzenten und zahlreiche Mischkonzerne.

Viele Fonds wie der Merrill Lynch World Mining Fund oder der Adig Fondiro, der DIT-Rohstofffonds, der SEB Natural Resources – um nur einige der erfolgreichsten zu nennen – werden aktiv verwaltet. Durch Über- und Untergewichtungen einzelner Segmente und Titel soll der Index geschlagen werden. Dagegen ist der Activest-Aktien-Rohstoffe ein passiver Fonds, der den Morgan Stanley Commodity Related Equity-Index (CRX) nachbildet.

Dieser Index ist ein gleich gewichteter Index mit 20 Titeln und im Fonds werden die Positionen an vier Anpassungsterminen im Jahr auf 5 Prozent je Titel angepasst. Neben knapp 60 Prozent Rohstoffen entfallen rund 30 Prozent auf den Bereich alternative Energie und der Rest auf Lebensmittel.

Somit ist dieser Fonds für Silberinvestoren weniger attraktiv als der World Mining Fund, der sehr stark in Bereichen investiert ist, die mit Silber zu tun haben.

Kapitel 20
Die Silber-Strategie

Alles hat seine Zeit. Die 70er-Jahre gehörten den Immobilienanlagen, die 80er-Jahre den Renten und die 90er den Aktien. Zu den Mega-Investments der nächsten Jahre werden Edelmetalle gehören. Eine provozierende These, die bis vor kurzem nur von einer kleinen aber hochkarätigen Minderheit vertreten wurde. Zu diesen international renommierten Finanzexperten gehörten die Vermögensverwalter Marc Faber und Felix Zumlauf sowie der vor allem in den USA bekannte Jim Rogers. Nach und nach schließen sich immer mehr Fachleute und Anleger dieser Meinung an, insbesondere auch deshalb, weil der positive Trend der Edelmetalle

sich nun auch deutlich erkennbar aus den Kurs-Charts ablesen lässt.
Die Entscheidung, ob man in Silber investiert und wie viel man investieren möchte, hängt in jedem Fall von der individuellen Situation eines jeden Einzelnen ab. Unzählige Anleger hatten sich Ende der Neunzigerjahre in Aktien gestürzt, ohne sich vorher viele Gedanken darüber gemacht zu haben – nur weil ihnen Freunde, Nachbarn, Arbeitskollegen oder Finanzberater von den unglaublichen Gewinnen erzählten, die sie selbst oder Bekannte erzielt hatten. Diesen Fehler sollten Investoren vor dem Einstieg in Silber nicht machen. Wer in Silber investiert, muss sich in jedem Fall darüber im Klaren sein, dass er/sie zu hundert Prozent auf eigene Verantwortung handelt und dass auch für Silber keine Gewinn-Garantien ausgegeben werden. Wer Ende 1979 oder im Januar 1980 Silber gekauft hätte, dem wäre es ergangen wie den Käufern von Internet-Aktien Ende 1999 oder Anfang 2000. Damals waren die Bullen-Märkte von Silber bzw. Aktien in ihrer Endphase und die letzten, die auf den fahrenden Zug aufspringen wollten, kamen unter die Räder. Den optimalen Zeitpunkt für ein Engagement in Silber kennt niemand, aber die Zeichen für einen weiterhin steigenden Silberpreis standen schon seit über zwanzig Jahren nicht mehr so gut wie jetzt.
Für einen nachhaltigen Investitionserfolg ist es nicht entscheidend, ob man am absoluten Tiefpunkt einsteigt – genauso wenig wie es darauf ankommt, den absoluten Höchststand punktgenau zu treffen, wenn man wieder aussteigen will. Im Gegenteil: Der Kampf um das letzte Zehntel an Profit hat schon sehr viele Anleger mehr gekostet, als es ihnen gebracht hat. Es ist so gut wie unmöglich, die Tiefst- und Höchststände eines langfristigen Trends im Voraus exakt zu prognostizieren. Wichtig ist, dass man irgendwo in einem Bereich agiert, der diesen Zonen einigermaßen nahe kommt. Um zu wissen, ob man sich im richtigen Zielbereich aufhält, muss man sich von Anfang an gut informieren und die Entwicklungen im Auge behalten, ohne sich jedoch von kurzfristigen Schwankungen irritieren zu lassen. Sehr viel Geld wurde schon dadurch verloren, dass Anleger einen übergeordneten Aufwärtstrend erkannt hatten, die richtigen Entscheidungen trafen, aber

nicht die Geduld und das Sitzfleisch hatten, ihre Anlagen reifen zu sehen. Wer einen übergeordneten Aufwärtstrend erkennt und sich mit den fundamentalen Daten ausgiebig befasst hat, der tut am besten daran, seine Positionen in der Anfangsphase einzugehen und dann, ohne sich von dem täglichen Marktlärm um ihn herum verrückt machen zu lassen, ruhig abzuwarten – frei nach dem Motto: „richtig setzen, ruhig sitzen" – so lange bis der große Trend seinem Ende zugeht.

Das ist leider viel einfacher gesagt, als getan. Schon viele Anleger waren in der Situation, dass sie klar und deutlich einen langfristigen Trend erkannt haben, aber dennoch ungeduldig wurden und Zweifel bekamen, als der Markt seine Zeit brauchte und sich nicht geradlinig nach oben bewegte. Wenn dann kleinere oder größere Schwankungen auftraten, wurden sie nervös und stiegen zum falschen Zeitpunkt aus. Oder sie versuchten, das Auf und Ab der Kurse für kurzfristige Trades zu nutzen, um dabei feststellen zu müssen, dass sie zwar manchmal richtig lagen, in den meisten Fällen jedoch keinen Gewinn machten. Sicherer und zuverlässiger ist es allemal, wenn man bei Haupttrends seine Positionen über lange Zeiträume hält, wenn auch nicht für die Ewigkeit. Denn alles hat seine Zeit und auch der schönste Trend währt nicht für immer. Wichtig ist es daher, am Ball zu bleiben und den Trend genau zu beobachten. Manche Investoren konzentrieren sich während dieser Zeit zu stark auf einzelne Positionen wie z. B. bestimmte Aktien und vergessen darüber, dass ihr Erfolg oder Misserfolg in erster Linie nicht von Einzeltiteln, sondern von der großen Richtung des Marktes abhängt.

Als Grundstein der Silberstrategie ist eine Anlage von 5 Prozent des privaten Vermögens in physischem Silber – unter Renditeaspekten in Barren – sinnvoll. Trotz aller Behauptungen, Silber sei „nur" ein Rohstoff, hat das weiße Metall eine Geldfunktion. Über die Jahrhunderte haben viel mehr Menschen Silber als Geld benutzt als Gold. In den USA wurden Goldmünzen 1933 aus dem Verkehr genommen, Silbermünzen wurden bis 1964 als ganz normale Zahlungsmittel von der US-Münzanstalt geprägt. Analysten, die Silber als reines Industriemetall abstempeln, tun dies deshalb, weil sich in den letzten fünfzig Jahren eine riesige industrielle Nachfrage entwickelt hat. Genau diese Nachfrage ist es auch, die Silber zu einem erstklassigen Investment macht. Wenn dann noch Turbulenzen an den Finanzmärkten hinzukommen, werden die monetären Funktionen des Silbers wieder zum Vorschein kommen, und das Edelmetall wird wieder als sicherer Hafen in Krisenzeiten angesehen werden. Mit dem Kauf von physischem Silber schlägt man sozusagen zwei Fliegen mit einer Klappe. Einerseits hat man einen greifbaren Wert, der in idealer Weise die Doppelfunktion von Geld (auch in Barrenform) und Rohstoff übernimmt. Andererseits trägt der Anleger mit dem Erwerb des physischen Metalls dazu bei, dass die „Silber-Manager" (s. Kap. Gefahr für das Silberkartell) die Kontrolle über das Silber verlieren und dass ihnen der Boden für Spekulationen auf Kosten der privaten Anleger entzogen wird.

Als Ergänzung zu dem physischen Silberbestand im Depot kauft sich der Silberinvestor für 4 Prozent seines privaten Vermögens Zertifikate auf den Silberpreis. Mit dieser Position ist er/sie zu günstigeren Einstiegskonditionen an der Silberpreisentwicklung im Verhältnis 1:1 beteiligt (s. Kap. Silberzertifikate). Wenn der Silberpreis weiter steigt, werden die nach einiger Zeit entstehenden Buchgewinne zunächst über den einfachen und schnellen Verkauf der Silberzertifikate zu echten Gewinnen, während das physische Silber weiter als harter Kern im Safe bleibt. Erst wenn sich fundamental und charttechnisch abzeichnet, dass Silber dabei ist, seinen übergeordneten Trend zu verlassen, sollte mit dem Verkauf des Metalls begonnen werden.

Als „Hebel" für die Silberinvestitionen kann man Aktien oder Optionsscheine einsetzen. Leider bietet der Silbermarkt nur sehr wenige Möglichkeiten für Aktieninvestments. Auf dem gesamten Markt gibt es gerade einmal eine Hand voll reiner Silberproduzenten, die an der Börse gelistet und gut handelbar sind. Die Folge: Während des Silberbooms können sich die Aktienkurse dieser Unternehmen sehr weit von den fundamentalen Daten wegbewegen und bei der Enge des Marktes können extrem hohe Schwankungen auftreten. Außerdem kommen in Boomzeiten manche „Geschäftsleute" auf schlechte Gedanken. Sie wollen auf einen Trend aufspringen und kräftig absahnen. Nicht nur zu legendären Zeiten des Neuen Marktes kamen unseriöse Firmen auf den Kurszettel, sondern auch mit dem aufkommenden Silber-Boom ist mit unlauteren Machenschaften zu rechnen. Gerade wenn das Angebot an guten Unternehmen und Aktien knapp und die Nachfrage groß ist, kommen clevere Finanzartisten auf geniale Ideen und machen sie dem Publikum schmackhaft.

Ein aktuelles Beispiel aus dem Edelmetallsektor ist die Gesellschaft „Golden Hand“. In einer ganzseitigen Werbung in der Zeitung „Euro am Sonntag“ wurde Golden Hand Resources am 19. 10. 2003 als eine der aussichtsreichsten Goldstorys in den USA beworben. Recherchen des Edelmetallexperten Martin Siegel ergaben, dass die Gesellschaft absolut nichts zu bieten hat: keine Goldproduktion, keine Goldressourcen, keine Bohrergebnisse; einziger Aktivposten sind Explorationsrechte, die für 10.000 Dollar erworben wurden. Dennoch wurde durch die Werbekampagne der Kurs um über 30 Prozent nach oben getrieben.

Der gesamte Unternehmenswert hat nach Angaben der Wirtschaftsprüfer im Quartalsbericht ein negatives Vorzeichen: Golden Hand besitzt aufsummiert Explorationsrechte im Gegenwert von 10.000 Dollar und einen Cashbestand von 6.624 Dollar sowie kurzfristige Verbindlichkeiten von 35.392 Dollar– macht zusammen minus 18.768 Dollar. Der Börsenwert der 10,2 Millionen ausgegebenen Aktien bei dem auf 1,20 Dollar hochgetriebenen Kurs liegt bei 12,2 Millionen Dollar – außerhalb jeder vernünftigen Bewertung. Für Anleger wird mit dieser Firma nicht viel zu gewinnen sein, dafür umso mehr für die Gründer und Altaktionäre (31).

Bei vielen Aktien-Investoren besteht eine weitere Gefahr. Sie konzentrieren sich zu sehr auf das Stock-Picking und zu wenig auf den wichtigsten Faktor, den zugrunde liegenden Silberpreis. Aus den genannten Gründen bietet es sich an, statt auf Aktien eher auf Optionsscheine mit der 90/10-Regel als Hebel zu setzen. Bei dieser Regel handelt es sich um eine Optionsscheinstrategie, die ursprünglich darauf abzielt, die Verlustrisiken, die sich aus

dem direkten Engagement in einer Aktie oder beim Kauf von Silber ergeben, nach unten zu begrenzen, ohne jedoch auf die Chance einer eventuellen Kurssteigerung zu verzichten. Dazu investiert man 90 Prozent des vorgesehenen Kapitals in risikolose festverzinsliche Wertpapiere und 10 Prozent in Optionsscheine des gewünschten Basiswertes. Der Effekt dieser Strategie ist, dass das maximale Verlustrisiko auf 10 Prozent (Totalverlust der Optionsscheine) beschränkt ist, während der Anleger von Kurssteigerungen des Basiswertes durch den Hebeleffekt der Optionsscheine in ähnlicher Höhe wie bei der Direktanlage profitieren kann.
In Anlehnung an diese 90/10-Regel kann man anstatt beispielsweise 20 oder 30 Prozent des für Silberengagements vorgesehenen Anlagekapitals in Silberaktien zu stecken, zehn Prozent des für Silber vorgesehenen Vermögens in Optionsscheine investieren. Als wichtigen Punkt sollte man dabei beachten, dass die Restlaufzeiten der Scheine nicht unter zwei Jahren liegen und dass der mit den Scheinen reservierte Bezugspreis (Basispreis) nicht mehr als zehn Prozent aus dem Geld liegt.

Die Silber-Strategie im Überblick:

Anlagevolumen:	10 % des privaten Vermögens
Aufteilung:	50 % physisches Silber
	40 % Zertifikate 1:1 auf den Silberpreis
	10 % Call-Optionsscheine auf den Silberpreis

Mit dieser Strategie werden die wichtigen Aspekte einer erfolgversprechenden Silber-Anlage in Einklang gebracht: Gewinne und Sicherheit mit greifbaren Werten, Flexibilität mit schnell und leicht handelbaren Zertifikaten, zusätzliche Chancen durch den Einsatz von Optionsscheinen. Anleger, die sich nicht mit Optionsscheinen befassen möchten, können ihr Depot stattdessen mit ein paar zusätzlichen Zertifikatsanteilen auffüllen, wenn sie mehr Wert auf Sicherheit legen. Wer sich gerne Aktien mit Silberstreifen ins Depot legen möchte, der sollte auf einen der erfolgreichen Rohstoff-Fonds mit Silberpotential zurückgreifen.

Kapitel 21
Zehn gute Gründe

Es geschah etwas Überwältigendes im Silbermarkt. Die Münzprägeanstalt in Philadelphia wurde von einer Menge geradezu überrannt. Menschenschlangen standen vor dem Gebäude um ihre Silberzertifikate gegen bare Münzen einzutauschen. Münzhändler boten bis zu 1,5 Dollar für solche Zertifikate an jeden, der bereit war zu verkaufen. Alle trugen ihre Zertifikate zur Münzprägeanstalt und lösten sie ein gegen Silbermünzen, später auch andere Formen von Silber. Dies war im Jahr 1964 ein sehr profitables Geschäft, weil Silber am freien Markt in den Himmel geschossen war und den von der Regierung festgelegten Preis bei weitem übertraf.

Silber war mit einem festen Kurs von 1,29 pro Unze an den US-Dollar gebunden. Bis zu diesem Zeitpunkt konnten von den US-Bürgern so genannte „Silver Certificates" unmittelbar in physisches Silber eingetauscht werden. Damals hatte die US-Regierung noch enorme Silbervorräte von über 3 Milliarden Unzen. Während der späten 50er- und frühen 60er-Jahre stieg die Nachfrage sprunghaft an. Eine große Menge des Metalls wurde von der Regierung für die Prägung von Silbermünzen verwendet, da die Wirtschaft über Jahre gewachsen war und eine immer größere Zahl von Silbermünzen benötigt wurde. Vor 1965 fand sich das weiße Metall in den 10-Cent Stücken, in den Viertel- und Halbdollarmünzen.
Der Ansturm in Philadelphia war ausgelöst worden durch eine heftige Silberverknappung. Diese war durch eine starke Nachfrage entstanden und dadurch, dass die Regierung jahrzehntelang durch die Dollar-Bindung des Silbers und den sehr niedrigen Preis die Erforschung von Silberlagerstätten und die Silberproduktion unterdrückt hatte. Mit dieser Preisbindung war es für Unternehmen nicht rentabel und schon gar nicht interessant in den Abbau von Silber zu investieren. Der Silbersturm führte dazu, dass ab 1965 der neunzigprozentige Silberanteil in den Münzen durch eine Kombination von Kupfer und Nickel ersetzt wurde. Gleichzeitig bestätigte sich das so genannte Gresham'sche Gesetz, welches besagt, dass gutes Geld durch schlechtes verdrängt wird. Die Bürger erkannten sehr schnell, dass die echten, guten Silbermünzen aus den Jahren vor 1965 einen weitaus höheren Wert besaßen als den aufgeprägten Nennwert und sie begannen diese zu horten. Bald befanden sich keine Silbermünzen mehr in Umlauf – sie waren ersetzt/verdrängt worden durch das schlechte Geld, die Kupfer-Nickel-Münzen (32).
Bis zum Jahr 1978 hatte Silber die 5-Dollar-Marke durchbrochen, nachdem schon seit über zehn Jahren Silberknappheit bestanden hatte und ein Ende nicht in Sicht war. Um den Bedarf zu decken, tätigte die US-Regierung massive Silberverkäufe aus ihren Lagebeständen und schließlich blieben ihr nur ein paar hundert Millionen Unzen. Bis 1979 hatte sich das Silberdefizit weiter ausgeweitet und gleichzeitig lief die Inflation auf Hochtouren. Erst

als der Silberpreis bereits die 7-Dollar-Marke durchbrochen hatte, kamen die Hunts in Spiel. Sie erkannten die Situation und positionierten sich entsprechend. Hätte damals der Vorstand der Warenterminbörse in New York nicht über Nacht die Regeln geändert, wäre der Hunt-Coup einer der größten Deals der damaligen Wirtschaftsgeschichte geworden (s. Kap. Das Tafelsilber). Auch wenn die Geschichte für die Hunt-Familie kein besonders glückliches Ende genommen hat, so gibt es mit dem Silberboom der Siebzigerjahre einen Präzedenzfall. Er zeigt, unter welchen Bedingungen Silber seine Explosivkraft entfalten kann und in welche Dimensionen sich der Silberpreis entwickeln kann. Heute sind wir sehr nahe an dem Punkt, an dem sich die Geschichte wiederholen kann. Dafür gibt es gute Gründe.

1. Silber ist ein Edelmetall mit Währungsfunktion. Gleichzeitig ist es ein wertvoller und seltener Rohstoff. Wenn zusätzliches Silber benötigt wird – sei es für die Industrie oder für Investment-Zwecke – kann nicht einfach auf Knopfdruck die Produktion erhöht werden. Silber wird nur zum geringeren Teil aus reinen Silberminen gewonnen. Die größten Silberproduzenten gewinnen das weiße Metall „nur" als Nebenprodukt und können ihre Silberproduktion nicht nach Belieben hochfahren.

2. Seit 1990 gibt es ein permanentes Silberdefizit. Da Silber über Jahrzehnte einen extrem niedrigen Preis hatte, war es für Silberproduzenten nicht mehr lukrativ, nach neuen Vorkommen zu suchen. Die Folge: Es gibt kaum frische Silberprojekte, die man bei einer steigenden Nachfrage aktivieren könnte. Neue Projekte haben eine lange Vorlaufzeit: Erforschung, Probebohrungen, Machbarkeitsstudien, Genehmigungsverfahren, Projektfinanzierung, Aufbau der Infrastruktur etc. nehmen Jahre in Anspruch, bevor auch nur eine einzige Unze aus einer neuen Lagerstätte gewonnen werden kann.

3. Die US-Regierung war jahrzehntelang ein Großlieferant für Silber. In den letzten 50 Jahren verkaufte sie den größten Lagerbestand an Silber, den es

auf der Welt gab. Sie versorgte den Markt in dieser Zeit mit über sechs Milliarden Unzen, das entspricht rund 100 Millionen Unzen pro Jahr. Damit glich sie einen Teil des Produktionsdefizits aus. Nachdem die Regierung im Jahr 2002 offiziell mitteilte, dass ihre Bestände fast vollständig aufgebraucht seien, wird der US-Staat als einer der größten Silberkäufer in den Markt eintreten (33).

4. Weil das Silberdefizit bereits so lange Zeit besteht und die Lagerbestände extrem niedrig sind, braucht es nur ein paar geschickte Investoren, um den Silberpreis in die Höhe zu katapultieren. Irgendjemand – entweder einige reiche Privatpersonen, Hedge Funds, politische Institutionen oder nicht genannte Länder – kann jederzeit und völlig unerwartet in den Markt eingreifen, um den verbleibenden physischen Lagerbestand für sich zu sichern. Mit einem geradezu „lächerlichen" Kapitaleinsatz von nicht einmal 5 Milliarden Dollar könnte man bei einem Unzenpreis von 5,50 Dollar einen gesamten Jahresbedarf aufkaufen.

5. Dieselben Investoren und Insider, die den Silberpreis jahrelang im Keller hielten, werden sich bei einem nicht mehr zu verhindernden Aufwärtstrend auf der Gegenseite positionieren. Große Silbermengen wurden zu Zeiten niedriger Preise verliehen und in den physischen Markt verkauft. Wenn die Preise jedoch steigen oder die Silberbestände immer geringer werden, sind solche Geschäfte extrem riskant. Silberverleiher und Short-Seller werden dann in das andere Lager, auf die Käuferseite, wechseln. Dieser Personenkreis ist zu professionell und zu einflussreich, um sich eine solche Gelegenheit entgehen zu lassen.

6. Wenn der US-Dollar mehr und mehr an Kraft verliert und sich die Auswirkungen der großzügigen Notenbankpolitik der Vereinigten Staaten entfalten, wird Silber immer stärker als Investmentinstrument gefragt sein. Die inflationären Kräfte der Greenspan-Politik zeigten ihre ersten

Auswirkungen auf die Aktienmärkte, dann folgte der US-Immobilienmarkt. Mit zunehmender Stärke wird die Inflation alle Anlagesektoren erfassen und schließlich auf die Verbraucherpreise durchschlagen. Dann werden die Edelmetalle zu neuen Höhenflügen ansetzen.

7. Investmentfonds und andere institutionelle Anleger sind zurzeit mit Edelmetallen noch völlig unterrepräsentiert. Wenn diese Investorengruppen anfangen, die Edelmetalle in ihre Anlageentscheidungen mit einzubeziehen, wird das den Silberpreis maßgeblich beeinflussen. Alle Profi-Anleger, die feststellen werden, dass sie mit Silber untergewichtet sind (viele Goldfonds dürfen physische Silberpositionen und Silberaktien halten) und dass Silber genügend Aufwärtspotential hat, werden zwangsläufig in Silber investieren müssen, um bei der Performance mithalten zu können.

8. Der gesamte Silbermarkt ist verglichen mit anderen Sektoren winzig. Man muss nicht eine ganze Jahresproduktion kaufen, um den Silberpreis nachhaltig in Bewegung zu versetzen. Noch zu Beginn der Neunzigerjahre empfahlen namhafte Vermögensverwalter ihrer gehobenen Kundschaft Edelmetallpositionen von 5 bis 20 Prozent ihres Portfolios. Bereits ein paar Milliarden Dollar an zusätzlicher Investment-Nachfrage können einen Silber-Boom auslösen.

9. Sobald die ersten nachhaltigen Kursbewegungen stattgefunden haben und die Medien damit beginnen, über Silber zu berichten, werden neue Anlegerschichten aufmerksam. Sie wollen dann ebenfalls in Silber investieren um Gewinne zu erzielen. Verstärkt werden könnte diese Bewegung durch zunehmende Ängste der Bevölkerung vor Terroranschlägen, Ölschocks, Börsencrash, Inflation, Wirtschafts- und Währungskrisen.

10. Silber ist spottbillig. Momentan herrscht bei manchen Anlegern möglicherweise noch die Meinung vor, dass Silber zu billig sei, als dass es

> einen besonderen Wert haben könnte. Wenn jedoch einmal der Kurs am Steigen ist, werden sich die Ansichten sicherlich ändern. Manche Anleger werden dann eine ganz einfache Rechnung aufstellen: Silber zu einem Kurs von 5, 10 oder 15 Dollar kann sich leichter verdoppeln als Gold zu einem Kurs von 400, 500 oder 600 Dollar.

Einige der Faktoren, die aus heutiger Sicht für einen steigenden Silberpreis sprechen, sind die gleichen wie im Boom-Jahr 1979. Allerdings ist die Gesamtsituation für den heutigen Silberinvestor noch wesentlich aussichtsreicher. Schon alleine die Tatsache, dass die US-Münzanstalt als Silberkäufer im freien Markt auftreten und mit anderen Marktteilnehmern konkurrieren muss, spricht Bände. Zusammengenommen haben alle zehn Punkte eine gewaltige Schubkraft und sie dürften dem Kurs des Silbers Flügel verleihen.

Viele private Anleger haben noch kaum eine Vorstellung von der Kraft hinter dem neuen Trend der Edelmetalle und insbesondere des Silbers. Für die meisten unter ihnen werden diese Investment-Themen erst interessant, wenn die Propagandamaschinen der Investment-Industrie auf Hochtouren laufen – dann, wenn sich Trends schon lange stabilisiert haben. Es wird daher auch im Silbermarkt wie immer ablaufen: Die größten Mittelzuflüsse werden erfolgen, wenn jeder Kleinanleger von der Sache Wind bekommen hat, der Silbermarkt zum allgemeinen Diskussionsthema geworden ist und der Silberpreis seinen Höchststand fast erreicht hat. Die Phase der spektakulärsten Kursgewinne wird allerdings zu diesem Zeitpunkt bereits vorbei sein und in Sektoren, denen noch niemand große Beachtung schenkt, werden sich neue herausragende Möglichkeiten ergeben.

Internetseiten zu den Themen Silber und Geld

www.gold-silber-invest.de
www.silver-investor.com
www.silverinstitute.org
www.financialsense.com
www.kitco.com
www.investmentrarities.com
www.goldseiten.de
www.consors.de
www.onvista.de
www.warrants.bnpparibas.com/de
www.dailyreckoning.com
www.mdm.de
www.herchermuenzen.de

Literaturverzeichnis

Baden-Württembergische Bank: Silber, Stuttgart 2002
BNP Paribas: Zertifikate-Akademie, Frankfurt 2002
Peter Bofinger: Grundzüge der Volkswirtschaftslehre, München 2003
Bofinger, Reischle, Schächter: Geldpolitik, München 1996
William Bonner: Financial Reckoning Day, New Jersey 2003
Peter C. Cavelti: New Profits in Gold, Silver & Strategic Metals, Toronto 1983
Marcus Friedrich, Dietmar H. Bahr: Hedge Funds, München 2003
Antonie Klotz, Jürgen Philipp: Die Welt der Optionsscheine, München 2000
National Geographic Society: Silver A Mineral of Excellent Nature, Washington 1981
Jim Puplava: Silver, Financial Sense Online, 2. 7. 2003

William Rees-Mogg (Hrsg.): The Case for Gold, London 2002
Hubert Roos: Gold-Boom, Kulmbach 2003
Eric Shkolnik: When Buy means Sell, New York 2003
Günter Schön, Gerhard Schön: Welt-Münzkatalog 20. Jahrhundert, München 2003
The Silver Institute: World Silver Survey 2003

Anmerkungen und Quellen

1. Cavelti: New Profits
2. Handelsblatt, 30. 9. 2003
3. Roos: Gold-Boom
4. Handelsblatt, 19. 9. 2003
5. Wirtschaftswoche, 2. 10. 2003
6. Handelsblatt, 23. 9. 2003
7. Handelsblatt, 6. 10. 2003
8. Wirtschaftswoche, 2. 10. 2003
9. Wirtschaftswoche, 2. 10. 2003
10. Silver Institute: World Silver Survey (WSS)
11. Silver Institute: WSS
12. Silver Institute: WSS
13. BW-Bank: Silber

14. Rees-Mogg: Case for Gold Vol. 1; Richard Cantillon
15. Bofinger: Volkswirtschaftslehre
16. BARRON'S, 4. 9. 2003
17. Handelsblatt, 21. 10. 2003
18. Investmentrarities, Weekly Commentary, 4. 11. 2003
19. www.petitiononline.com/comex/petition.html, 15. 9. 2003
20. BARRON'S, 27. 10. 2003
21. Fortune, 26. 10. 2003
22. Lawrence Roulston: Resource Opportunities, November 2001
23. Friedrich, Bahr: Hedge Funds
24. Wirtschaftswoche, 27. 11. 2003
25. Friedrich, Bahr: Hedge Funds
26. Investmentrarities, Weekly Commentary, 4. 11. 2003
27. Daily Reckoning, 12. 11. 2003: Too Many Treasure Hunters; Marc Faber
28. Handelsblatt, 27. 11. 2003
29. Silver Institute: Silverproduction
30. Silver Institute: Silverproduction
31. Martin Siegel: Der Goldmarkt, Ausgabe 22/2003
32. Richard S. Appel: Breakout; www.financialinsights.org, 20. 11. 2003
33. Douglas Kanarowski: 70 Approaching Forces;
Financial Sense University, 18. 7. 2003

James J. Cramer – Bekenntnisse eines Wallstreet-Süchtigen

James J. Cramer kennt alle Facetten des Aktienmarktes. Er war bei Goldman Sachs, er war Vermögensverwalter und er war einer der erfolgreichsten Fondsmanager der 90er-Jahre. Seine Leser erhalten Einblick in die Mechanismen, nach denen „das große Geld“ funktioniert und arbeitet. Sie erfahren, mit welchen Methoden Cramer dem Markt oftmals ein Stück voraus war.

285 Seiten / Hardcover / Bestellnr. 036-360 **24,90 €**

Michael Parness – Beherrsche den Markt!

Der Karrierebeginn als Trader hätte für Michael Parness nicht schlechter ausfallen können: In kürzester Zeit verlor er fast sein ganzes Vermögen. Doch mit viel Disziplin und Arbeit schaffte er es, in nur 15 Monaten aus 33.000 Dollar, die ihm verblieben waren, die sagenhafte Summe von sieben Millionen Dollar zu machen. In seinem neuen Buch erzählt Parness nicht nur die Geschichte seines Erfolges. Viel wichtiger sind die Lehren, die er aus seinen anfänglichen Fehlern gezogen hat. „Beherrsche den Markt!“ ist die perfekte Lektüre für Anleger, die mit Spaß und Erfolg an der Börse agieren wollen.

250 Seiten / geb. mit SU / Bestellnr. 036-090 **24,90 €**

Fredric Alan Maxwell –
Bad Boy Ballmer. Der Mann, der Microsoft regiert.

Mit „Bad Boy Ballmer" liefert Fredric Alan Maxwell eine nicht autorisierte Biographie eines der reichsten Männer der Welt und einer der einflussreichsten Persönlichkeiten der Software-Industrie. Schon aufgrund des Protagonisten kann dieses Buch nicht nur eine Biographie sein. Mit Microsoft-CEO Ballmer untrennbar verknüpft sind die Namen „Bill Gates" und „Microsoft". Durch diese Konstellation erhält der Leser neben der Geschichte von Steve Ballmer auch einmalige Einblicke in einen der mächtigsten Konzerne der Welt. Spannend und informativ – absolut lesenswert.

256 Seiten / geb. mit SU / Bestellnr. 036-163 **24,90 €**

Hubert Roos –
Gold-Boom. Gewinne und Sicherheit mit Gold

Neben einer Anlage in physischem Gold können Investoren auf diverse Alternativen zurückgreifen: Zertifikate auf Gold und Goldminenaktien, Goldkonten, Goldminenaktien und Goldfonds. Der Autor vermittelt umfangreiches Hintergrundwissen und stellt die Bausteine vor, mit denen jeder Anleger seine persönliche Strategie für Gold verwirklichen kann.

140 Seiten / geb. mit SU / Bestellnr. 036-214 **19,90 €**